AF310874

Poteries Doulton & Co.

Tarifs Paris 1868.

Dépôt, Rue de Paradis-Poissonnière, N° 15,
et Rue Martel, N° 18, Paris.

Hy Collet — Gérant.

À Monsieur Le Baron G. E. Haussmann,
Grand'Croix de la Légion d'Honneur,
Sénateur, Préfet du Département de la Seine.

Monsieur Le Préfet,

L'accueil favorable que nos poteries de bâtiment ont trouvé près de Messieurs les Ingénieurs et Architectes de la Ville de Paris, nous a engagé, malgré les difficultés d'un premier établissement, à donner plus d'extension à notre maison de Paris.

Nous avons donc l'honneur, Monsieur le Préfet, de vous présenter notre nouvelle Série de prix et de vous prier de lui prêter une bienveillante attention. Le développement considérable que la Ville continue à donner aux travaux hygiéniques, nous fait espérer qu'elle voudra bien continuer à nous favoriser de ses ordres

Veuillez, Nous vous en prions,
Monsieur Le Préfet,
Agréer l'expression de nos sentimens
les plus distingués

Doulton &

H DOULTON.C

MANUFACTURE GÉNÉRALE

DE

POTERIES EN GRÈS POUR BATIMENTS

DE

DOULTON & Cº

DE LONDRES

Usines : a LAMBETH-LONDRES, — ROWLEY-REGIS (Staffordshire), — SMETHWICK, près Birmingham
SAINT-HELENS, près Liverpool

DEPOT, 15, rue de Paradis-Poissonnière, et rue Martel, 18, PARIS

MÉDAILLE D'HONNEUR, LONDRES, 1851.
DEUX MÉDAILLES, LONDRES, 1862, les seules accordées pour « Excellence de Fabrication et Bon Marché. » Rapport du Jury.
DEUX MÉDAILLES ARGENT, 1867. — UNE MÉDAILLE BRONZE, 1867.
MÉDAILLES AUX CONCOURS RÉGIONNAUX : — CAEN, 1867, — AUXERRE 1866.

MÉDAILLES AUX EXPOSITIONS DE HAMBOURG, D'OPORTO ET DE LA NOUVELLE-ZÉLANDE.

Ce Tarif supprime les précédents. — Envois directs des usines pour toutes destinations,
aux prix sur place, en fabrique.

PARIS

IMPRIMERIE DE A. WITTERSHEIM, RUE MONTMORENCY. 8

1868

CONDITIONS.

Aux prix portés dans ce Tarif, les marchandises sont rendues à Paris. Hors Paris, le transport, les risques de route, sauf recours contre transporteur, suivant la loi, et l'emballage, s'il est nécessaire, sont à la charge des destinataires.

Pour parties importantes, commandées à l'avance et permettant l'*envoi direct* des usines, les marchandises seront expédiées, *franco* de port ou de fret, à quai ou en gare des villes suivantes : Dunkerque, Calais, Boulogne-sur-Mer, Lille, Amiens, Arras, Dieppe, Rouen, Havre, Caen, Cherbourg, Versailles, Saint-Germain-en-Laye et toutes autres destinations pour lesquelles les frais de transport seraient équivalents. Pour Bordeaux et Nantes, la plus-value serait d'environ de 5 à 10 fr., et pour Marseille, de 10 à 15 fr. par 1,000 kil. (ceci pour gouverne seulement).

Pour les stations au delà de Dunkerque, Boulogne-sur-Mer, Dieppe, Caen, Cherbourg, Paris, Nantes, Bordeaux et Marseille, le prix de transport, par petite vitesse et par wagon complet, peut se calculer, très-approximativement, à raison de 5 centimes par tonne (1,000 kil.) et par kilomètre à parcourir. Les marchandises emballées payent un peu plus.

Il est expressément recommandé, lorsque des modèles sont nécessaires pour le moulage, de les augmenter d'un dixième, afin de compenser le retrait à la cuisson.

Lorsqu'un dessin ou croquis coté peut préciser l'article à fabriquer, on peut se dispenser de remettre un modèle.

La Maison se réserve de demander des arrhes d'environ la moitié de la valeur présumée des ordres de fabrication de pièces ou appareils spéciaux.

Les ventes sont au comptant et payables à Paris ou à Londres. A l'entrée en relations, on est prié de donner les références d'usage.

On est aussi prié de libeller les bons de poste et mandats administratifs payables à M. Henry Collet, mandataire et gérant du dépôt, en France, de MM. Doulton et Cᵒ.

Quand les articles, tels qu'Éviers, Cuvettes, Cheminées, nécessitent l'emballage, le coût, paille comprise, est de :

Harrasses. . . . . 5 fr. 75 c.   Demi-harrasses. . . . . . . 3 fr. 75 c.
Barriques, grandes. . . . 10   »   Petites. 6   25

Les caisses se payent suivant grandeur et au mieux des intérêts du client. — On ne reprend pas les emballages. — Les tuyaux s'expédient en vrac, les petites avaries de route étant moins onéreuses qu'un emballage, quel qu'il soit.

NOTICE.

Il y a plus d'un siècle que la fabrication des poteries en grès a débuté à Lambeth-Londres. A l'origine, la production se bornait aux articles d'usage domestique; peu à peu elle s'est augmentée et perfectionnée.

MM. Doulton y ont ajouté la fabrication des appareils de chimie pour lesquels il est universellement reconnu qu'ils sont sans rivaux, quant à la perfection du travail; ce résultat a été constaté aux Expositions : Londres 1851 et 1862; Oporto, Hambourg, Nouvelle-Zélande; et confirmé enfin à l'Exposition de Paris, 1867.

Mais ce qui a amené l'accroissement extraordinaire et la production, dans sa spécialité, la plus importante connue jusqu'à ce jour, ce sont les poteries d'assainissement des maisons et des villes. L'attention soutenue et constante que Gouvernements et Municipalités ont apportée aux questions d'hygiène, a créé de nouveaux besoins que l'industrie s'est efforcée de satisfaire.

La fabrication des tuyaux en poterie remonte à la plus haute antiquité; mais il était réservé au développement, sans précédent, de l'industrie moderne, de compter parmi ses progrès l'emploi des machines à la manipulation des matières et à la fabrication des poteries. On est ainsi arrivé à produire d'immenses quantités d'articles, qui ont le double mérite d'être plus parfaits et d'un prix moins élevé.

C'est vers 1846 que MM. Doulton et C° ont commencé, à l'instigation du célèbre hygiéniste M. Edwin Chadwick, à faire leurs tuyaux en grès pour drainage des villes et des maisons. Les premiers employés l'ont été par la cité de Londres et les commissions d'égouts des quartiers de Holborn, Finsbury et Westminster. Depuis, la consommation s'en est graduellement accrue, et ces tuyaux sont maintenant d'un usage universel en Angleterre. De grandes quantités en sont exportées aux colonies, aux Indes — et en France, depuis que le traité de commerce a supprimé des droits prohibitifs.

Créateurs de ce genre de tuyaux, MM. Doulton et C° (grâce aux perfectionnements continus de la fabrication, à l'adoption de mécanismes perfectionnés et à un personnel expérimenté) en sont encore les plus grands producteurs. Il sort annuellement de leurs usines près de mille kilomètres de tuyaux des diamètres de 0^m075 à 0^m60.

Outre les demandes ordinaires de tuyaux, MM. Doulton et C° ont fourni le service complet d'égouts tubulaires pour près de cinquante villes en Angleterre; quelques-unes ont exigé la livraison d'environ dix mille mètres d'égouts principaux ou collecteurs en égouts Doulton.

Les résultats sanitaires que la plupart des villes ont obtenus par l'amélioration de l'hygiène publique et l'adoption d'un mode plus complet de drainage, ont été des plus remarquables et des plus satisfaisants.

M. Simon, inspecteur médical du Conseil Privé, donne, dans son dernier Rapport, quelques-uns des résultats obtenus et observe que la science médicale ne pouvait, dès le principe, regarder comme douteux les avantages que les grandes expériences urbaines devaient produire sur la santé publique, mais qu'il avait fallu attendre que les résultats les aient rendus patents et populaires.

Dans les villes où les tuyaux et égouts Doulton ont seuls servi au drainage urbain complet, on a pu constater :

A Cardiff, la mortalité, qui était de 33,2 pour mille, par an, est descendue à 26,6 ;

A Salisbury, la mortalité a diminué d'un cinquième ;

A Banbury, presque autant.

La mortalité, par les fièvres typhoïdes, a été réduite d'un quart à Salisbury, d'un tiers à Stratford-sur-Avon ; à Warwick, Ely et Penrith, de près de moitié.

Les constatations ne sont pas moins remarquables quant aux décès par les épidémies de choléra, si l'on se réfère au Rapport du docteur Buchanan ; c'est de son Rapport à l'officier médical du Conseil Privé que les chiffres ci-dessus ont été extraits.

Si, des faits qui viennent d'être relatés, il est permis de reconnaître le succès rapide d'une industrie relativement nouvelle, son immense accroissement, ainsi que son importance commerciale, il faut aussi conclure que ces résultats sont dus au progrès des sciences sociales et à l'étude plus attentive des questions d'hygiène. N'est-il pas permis de supposer que ces progrès dans l'hygiène et la propreté urbaines ont pour conséquence d'augmenter le bien-être des habitants, de les forcer individuellement à suivre le progrès de leur cité, et, ainsi que des Rapports officiels l'ont constaté, d'augmenter la moyenne de l'existence humaine ? En ceci, le philanthrope ne devient-il pas l'allié de celui dont l'industrie concourt au perfectionnement social et physique des populations ?

TUYAUX DOULTON & Cᵒ

I. — OBSERVATIONS GÉNÉRALES.

Pour poser ces tuyaux dans de bonnes conditions, il convient de faire les joints avec de bon ciment mêlé de sable, ou pur, si la qualité du ciment n'admet pas le mélange de sable. Il est recommandé de faire porter les tuyaux sur le corps et non sur le collet. On y arrive en ménageant une chambre pour le joint dans le fond de la tranchée. Si le terrain dans lequel on doit poser les tuyaux n'était pas suffisamment solide, il conviendrait de poser sur béton, ou tout au moins de garantir le joint par un petit massif en béton ou en maçonnerie.

On peut aussi, suivant la nature des terrains à traverser, faire les joints en terre glaise, en mortier hydraulique ou même en asphalte. Dans les terrains de roche, de gravier ou même d'argile, la pose doit se faire très-soigneusement. Il convient de ne pas précipiter le remblai et le pilonnage des tranchées dans lesquelles la conduite est posée ; en attendant la consolidation des joints, on évitera les fuites, qui sont, non-seulement une cause de détérioration, mais surtout d'obstruction des conduits ; en effet, la partie liquide des matières à écouler, trouvant un échappement dans les fuites, laisse un produit plus dense, offrant plus de frottement, et, par suite, d'une circulation plus difficile dans le drain ; la plupart des engorgements sont dus à ce motif qu'il faut d'autant plus éviter que la pente est plus faible et que l'on traverse des terrains perméables ou absorbants.

Aux coudes et branchements, il est utile d'augmenter la pente, afin de contrebalancer l'accroissement des frottements. Par des motifs analogues, l'entrée des conduits en sous-sol doit être protégée par une grille, ou mieux, par un syphon ou cuvette de dépôt, qui puisse arrêter les graviers et les sables ; l'expérience a démontré qu'il est préférable de multiplier le nombre des syphons ou cuvettes plutôt que d'augmenter leur capacité.

Les obstructions sont rendues très-rares, sinon supprimées tout à fait, en faisant de temps à autre des chasses d'eau, quand on en a la possibilité. C'est ce qui a lieu par les pluies.

Lorsqu'un engorgement a lieu dans une conduite ou drain considérée comme un petit égout, il sera toujours prudent d'y maintenir un regard qui facilitera l'examen et le nettoyage, en même temps qu'il servira de ventilateur.

Il est recommandé de bien lisser les joints à l'intérieur des tuyaux ; en négligeant ce soin, le ciment du joint forme une arête qui gêne l'écoulement.

Les tuyaux ordinaires ont leur emploi normal dans le drainage des habitations, tels que les tuyaux de descente des eaux ménagères et des water-closets, et le branchement des égouts des maisons avec ceux de la ville. Une moyenne de cinq mille tuyaux par jour sont fabriqués pour ces services pour lesquels les tuyaux Doulton ont été reconnus les meilleurs.

Les tuyaux trouvent une application utile et économique pour les conduits d'eau, lorsqu'il s'agit d'un écoulement libre et sous faible pression. Les tuyaux résistent par eux-mêmes à une pression assez forte, mais pour peu qu'une conduite soit longue, on comprend que la nature même et la multiplicité des joints en ciment n'offrent pas la même résistance aux chocs ou coups de bélier que les conduites en métal.

Londres, Birmingham, Manchester, Liverpool, Canterbury, etc., en emploient des quantités considérables.

A Rio-Janeiro, toute la canalisation d'égouts et 28,000 cuvettes inodores ont été fournies par MM. Doulton et Cᵒ.

En France, la ville de Paris, qui les a adoptés, soit par elle-même, soit par ses entrepreneurs, en fait un usage de plus en plus considérable. Les villes de Versailles, Blois, Lille ont aussi admis leur emploi.

Parmi les établissements où il a été posé des poteries Doulton, il convient de citer :

Les Maisons modèles que S. M. l'Empereur a fait construire à l'avenue Daumesnil (le service des cabinets inodores, les éviers, et toute la canalisation intérieure et extérieure sont en poteries Doulton) ;
Les nouveaux Abattoirs et le Marché aux bestiaux à la Villette ;
L'Asile clinique de la Glacière ;
La Banque de France ;
La nouvelle gare du Chemin de fer d'Orléans et différents services de la compagnie ;
Les Compagnies des Chemins de fer de Lyon à la Méditerranée, de l'Ouest, de l'Est, du Nord ;
La Ville de Paris (fournitures journalières pour les branchements des égouts des maisons avec ceux de la ville) ;

Pour conduits de déversement et de dérivation de sources, il a été fourni des quantités considérables de tuyaux aux travaux de la Dhuys (Château-Thierry, La Ferté-sous-Jouarre, Nogent-l'Artaud, Ebly) ;
A Asnières, pour les essais remarquables que la ville de Paris fait pour livrer les eaux d'égout à l'agriculture ;
Au Champ de Mars, Exposition universelle (la Commission impériale pour le service du Parc, la Cercle international et le service des water-closets et urinoirs, qui ont exigé une grande quantité de tuyaux Doulton) ;
De longues conduites à l'importante tannerie de M. Sueur, à Montreuil-sous-Bois et à la distillerie modèle de Petit-Bourg, de M. A. Decauville, à Evry-sur-Seine.

Le Conseil général des Bâtiments civils, sur un Rapport de M. Vaudoyer, Architecte du Gouvernement et Inspecteur général des édifices diocésains, a émis un avis très favorable sur les tuyaux et poteries de bâtiment de la Maison Doulton, et a déclaré qu'ils pouvaient être employés très-utilement dans les constructions, tant publiques que particulières, et que leur usage méritait d'être encouragé.

Voir le Rapport sur l'Exposition de 1867, dans le xxie volume de la *Revue générale de l'Architecture et des Travaux publics*, publiée par M. César Daly.

Voir aussi le Rapport fait à la Société centrale des Architectes, Commission composée de MM. Stillière, président, Fèvre et Viel (Antoine), rapporteurs, 24 février 1865.

Pour répondre aux demandes relatives au ciment qu'il faut employer, MM. Doulton croient ne pouvoir mieux faire que de recommander le Ciment Portland de MM. Demarle, Lanquety et C°, qui offre toutes les garanties de qualité.

LONDON DOULTON & C.º PARIS
Depôt 15 Rue Paradis Poissonniere

II. — TUYAUX EN GRÈS.

Droits, par bouts de 0m60 de longueur en œuvre. — Bouts courts pour raccords, au même prix du mètre linéaire, proportionnellement à leur longueur.

Droits, à collet tronqué, que l'on peut employer seuls ou quand on prévoit la possibilité d'avoir à lever un tuyau.

Sans collets, sur commande seulement. — Ces Tuyaux sont aux mêmes prix que ceux à collet et comprennent les manchons.

Fig. 2, — à 22°.   Fig. 3, — parall.

Fig. 1, — à 45°.

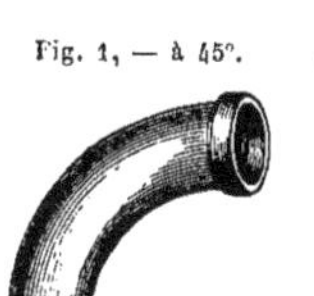

Coudes. — Leur longueur est variable suivant diamètre.

Jonctions (Branchements, Culottes) :
Simples.   Conique.   Doubles.

Fig. 4.   Fig. 5.   Fig. 6.   Fig. 7.   Fig. 8.   Fig. 9.

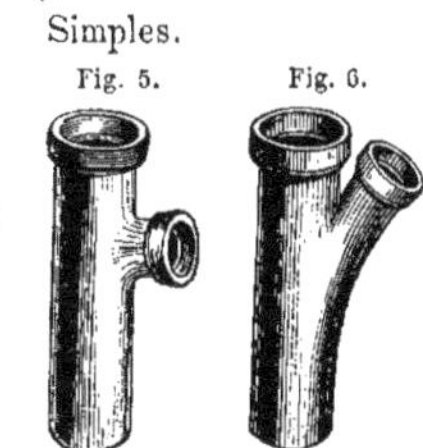

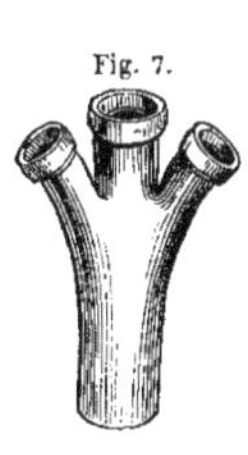
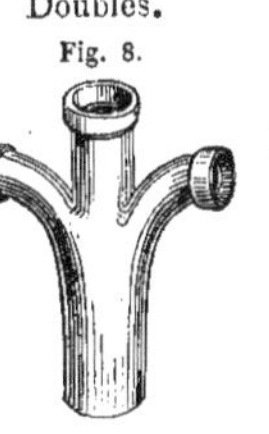
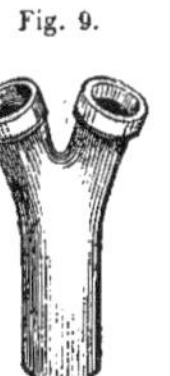

Ces Jonctions ont 0m60 de longueur. Il faut avoir soin d'indiquer le *diamètre du corps* et *celui du branchement*, qui peut être égal ou plus petit.

PRIX DES TUYAUX.

DIAMÈTRE INTÉRIEUR.		TUYAUX DROITS.		COUDES.	JONCTIONS.		POIDS approximatif
POUCES anglais.	Centimètres.	Le bout de 0m60.	Le mètre linéaire.	N° 1, 45°. 2, 22°. 3, parall.	Simples et conique.	Doubles.	DU MÈTRE linéaire.
		fr. c.	fr. c.	fr. c.	fr. c.	fr. c.	Kilogram.
2	5.0	» 80	1 35	1 50	1 50	2 »	4
3	7.5	1 05	1 75	1 80	1 80	2 50	10
4	10.0	1 20	2 »	2 50	2 50	3 »	12
6	15.0	1 65	2 75	3 25	3 25	3 75	24
9	22.5	3 10	5 20	5 »	5 »	6 75	40
12	30.0	5 25	8 75	8 »	8 »	10 50	56
15	37.5	8 50	14 15	12 »	12 »	17 »	86
18	45.0	11 50	19 25	15 »	15 »	23 »	120
21	52.0	20 »	33 35	30 »	30 »	40 »	200
24	60.0	25 »	41 65	37 50	37 50	50 »	225

Sur commande, notamment pour conduit d'eau, tous ces tuyaux peuvent être fournis en pâte plus soignée et emboitement plus allongé, moyennant augmentation de dix pour cent (10 %).

En grès fin, qualité des appareils de chimie, pouvant résister aux acides les plus énergiques, les prix seraient doublés.

En dehors des diamètres indiqués dans ce tableau, il se fait aussi des tuyaux des diamètres suivants :

Pouces anglais.	1 1/2	2 1/2	5 1/2	7	8	10
Centimètres. .	3.7	6.2	12.5	17.5	20	25

mais sur commande seulement.

Par suite du retard inévitable d'une fabrication spéciale, il faut prévoir à l'avance tous les besoins des coudes, branchements, etc. Il a été reconnu que les diamètres ordinaires indiqués au tableau qui précède, *suffisent dans la grande majorité des cas;* il convient donc de s'y renfermer le plus possible.

Syphons. — Désireux de compléter leur système de conduits simples et de le rendre éminemment hygiénique, MM. Doulton et C° ont adopté une grande variété de syphons dont l'eau ou les liquides à écouler forment l'obturateur. Ces syphons empêchent les émanations de se répandre dans les locaux qu'ils protégent, et leur simplicité les rend économiques. Ils ne nécessitent point les réparations si fréquentes dans les systèmes mécaniques généralement en usage.

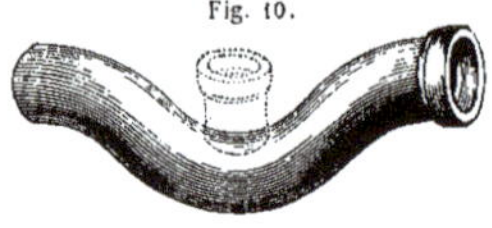

Fig. 10.

Tuyaux syphoïdes (fig. 10). — Longueur, de 0ᵐ60 à 1ᵐ, suivant diamètre.

Diam. intér.	0ᵐ05	0.075	0.10	0.152	0.225	0.30
Prix, pièce.	3ʳ25	3 50	5	7 50	11	15

Avec branchement ou regard, comme l'indique le pointillé, 1 fr. 50 c. en plus, n'importe le diamètre.

Fig. 11.

Fig. 12.

Diam. intér.	0ᵐ03	0.075	0.10	0.15	0.22
Prix, pièce.	2ʳ20	2 50	3	7 50	15 fr.

Les **Syphons** (fig. 11 et 12) *émaillés*, pour éviers et urinoirs, sont à 2 fr. 75 c. en 0ᵐ05 de diamètre. Pour les diamètres au-dessus de 0ᵐ30, on peut former ces syphons par une combinaison facile de coudes (fig. 1 et fig. 2).

Syphons de cour.

Fig. 13.

Avec grille en grès de 0ᵐ19×0ᵐ19 ou 0.22×0.22, sortie de 0ᵐ10.

Prix : 6 fr. pièce.

Fig. 14.

Avec entonnoir, sortie de 0ᵐ10.

Prix : 5 fr. 25.

Fig. 15.

Plaque de caniveau, 0ᵐ45×0ᵐ45, avec grille en fer. Prix : 5 fr. 25.

Vase 0ᵐ22 diamètre, sortie 0ᵐ10, 7 f. 50.

Le même, sortie 0ᵐ15, 8 fr.

Ce dernier vase ne se fait que sur commande.

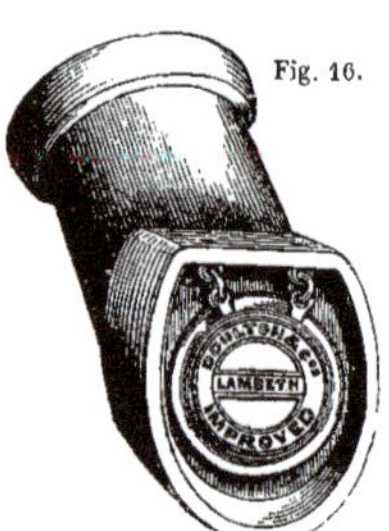

Fig. 16.

Fig. 17.

Bouches ou **Regards d'égouts,** à face rodée et plaque en fer galvanisé.

Diam. intér.	0ᵐ10	0.15	0.22	0.30	0.375
Prix, pièce.	6 fr.	7 50	11	18	36

Ces regards se fixent dans la muraille de l'égout principal et forment la terminaison du branchement. L'écoulement des matières fait lever la plaque ; celle-ci, en retombant à sa place, sur un plan légèrement incliné, empêche les émanations de l'égout de pénétrer dans le conduit et ferme aussi l'accès aux rats.

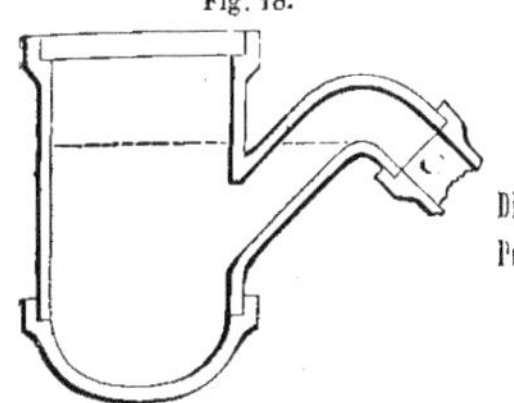

Fig. 18.

Syphon pour rues (fig. 18).

Diam. int.	0ᵐ225	0.30	0.38	0.45
Prix, pièce.	11 f.	15	22	27

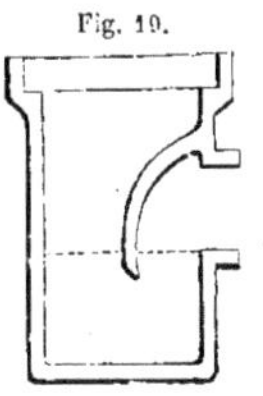

Fig. 19.

Syphon carré pour cour (fig. 19).

Diam. intér. 0ᵐ21 × 0ᵐ21, sortie de 0ᵐ10, prix : 7 fr.

Avec grille en fer, 8 fr. 50 c.

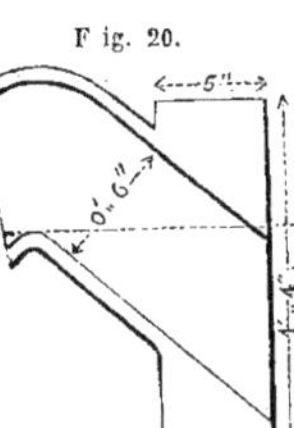

Fig. 20.

Nouveau **Bloc-Syphon** (fig. 20), brevet Doulton, pouvant entrer dans la construction des égouts ou conduits en maçonnerie.

Diam. intér.	0ᵐ10	0.15	0.22
Prix.......	7ᶠ50	10	13

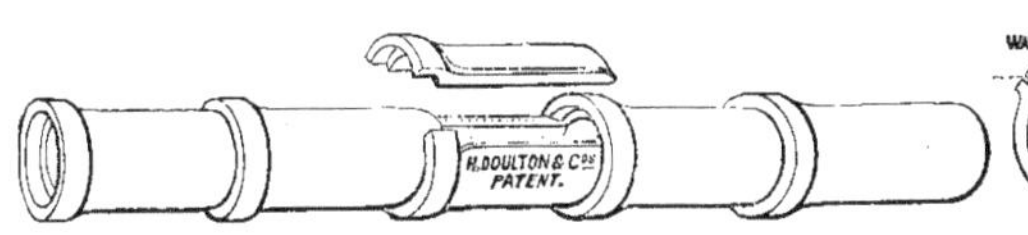

Tuyaux operculaires.

Diam. intér.	0ᵐ10	0.15	0.225	0.30	0.375	0.45
Prix du bout de 0ᵐ60.	1ᶠ50	2 f.	3 25	5 50	8 50	11 50

Comme l'indique le dessin, on peut enlever le segment-couvercle de ces tuyaux et avoir ainsi la facilité d'examiner le travail de la conduite et de la nettoyer. Ils sont de même diamètre que les tuyaux droits ordinaires, avec lesquels ils se raccordent parfaitement. On peut en faire des conduits entiers ou les employer partiellement sur une conduite de tuyaux droits ordinaires. Le couvercle tenant au corps du tuyau, par nécessité de bonne fabrication, la séparation se fait à pied d'œuvre, par un simple petit coup de ciseau froid donné à l'extrémité de chaque trait séparateur. Leur prix diffère peu de celui des tuyaux ordinaires.

Briques de Ventilation.

Grandes, 0ᵐ225 × 0ᵐ15 × 0ᵐ06, 120 fr. le cent.
— 0.225 × 0.15 × 0.11, 150 fr. —
Petites, 0.225 × 0.07½ × 0.06, 60 fr. —

En Grès ou Terra Cotta, employées au lieu de semelle de plomb à la base des constructions pour leur donner de l'air et empêcher l'humidité du sol de remonter dans les murs.

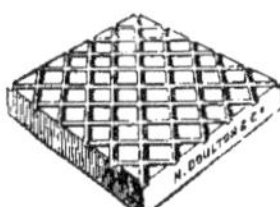

Carreaux en Grès vitrifié, imperméables à l'humidité, convenant surtout au dallage des trottoirs, remises, fondations. — Durée indéfinie.

	PRIX.		POIDS APPROXIMATIF.	
	Le cent.	Le m. carré.	Le cent.	Le m. carré.
Grands : 0ᵐ30 × 0ᵐ30	85 fr.	9ᶠ45	660 kil.	74 kil.
Petits : 0.225 × 0.225	45	8 45	320	60

Caniveaux en Grès, 0ᵐ225 de diamètre, 5 fr. le mètre linéaire.

III. — BLOCS-JONCTIONS.

RADIERS ET ÉGOUTS SEGMENTAIRES EN GRES VERNISSÉ (BREVETÉS).

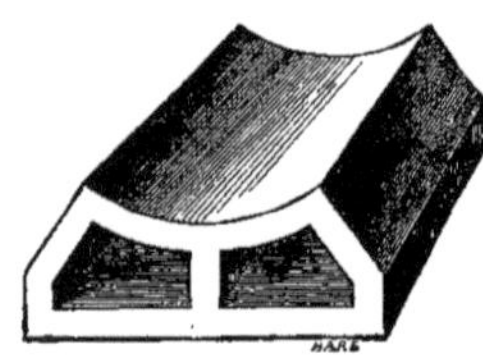

Les **Blocs-Doulton**, en Grès, donnent au fond des égouts une surface lisse, indestructible, un écoulement facile et une fondation très-solide. Ils résistent aux actions chimiques. Ils sont généralement employés pour les travaux d'égouts et très-appréciés par MM. les ingénieurs. Leur forme permet de les faire servir, par leur vide intérieur, de conduit d'écoulement des eaux que l'on rencontre dans la construction des égouts. Perforés à leur base de trous latéraux, leur creux peut aussi servir à drainer les terrains que l'on traverse et à protéger en même temps l'égout dont ils font partie.

Dix-sept formes ont, jusqu'à présent, été reconnues suffisantes pour satisfaire aux diverses nécessités d'épaisseur des murs d'égout, et de leur rayon de courbure, soit circulaire, soit ovoïde. — Les chiffres indiqués aux figures donnent les mesures anglaises; dans le tableau de prix, elles ont été transformées en mesures métriques.

Fig. 18.

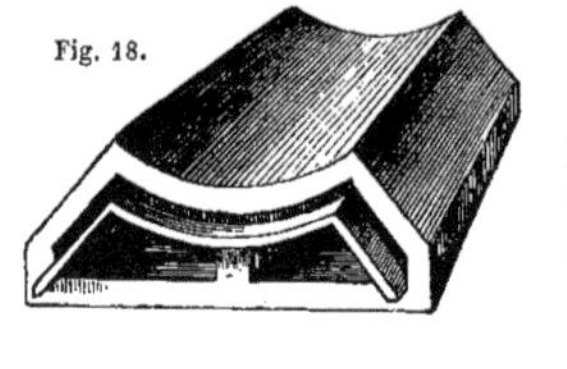

La figure 18 montre un Radier à languette ou projection d'emboîtement. Cette disposition augmente la solidité et empêche efficacement l'eau d'égout de pénétrer dans le conduit intérieur formé par le creux du bloc. Cette figure indique en outre les trous latéraux mentionnés plus haut, comme servant utilement à drainer le terrain dans lequel l'égout est bâti.

Fonds de Radier.

No. 1.

No. 2.

No. 3.

No. 4.

No. 5.

No. 6.

No. 7.

No. 8.

No. 9.

No. 10.

No. 11.

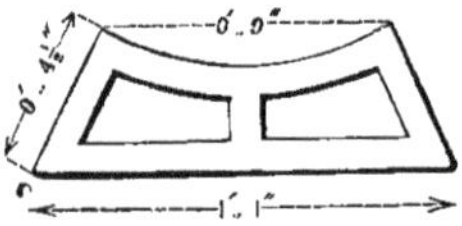

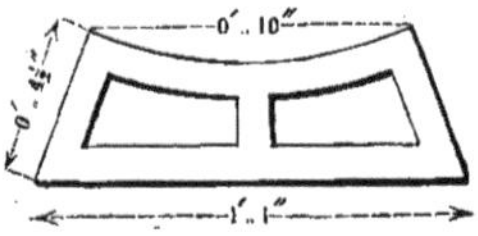

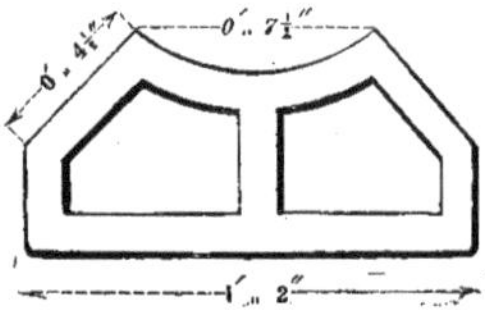

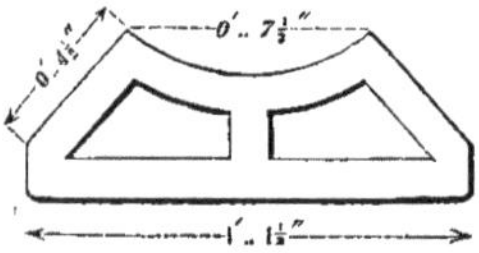

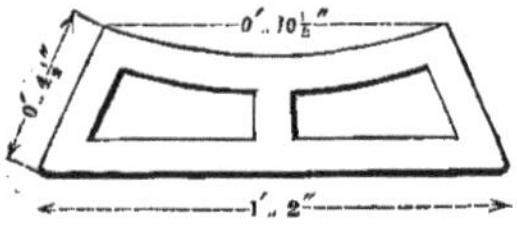

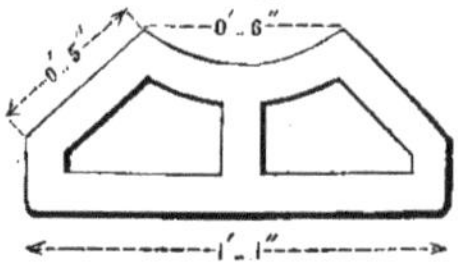

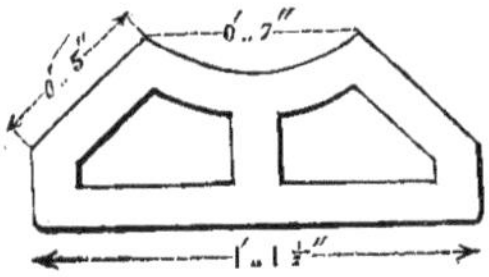

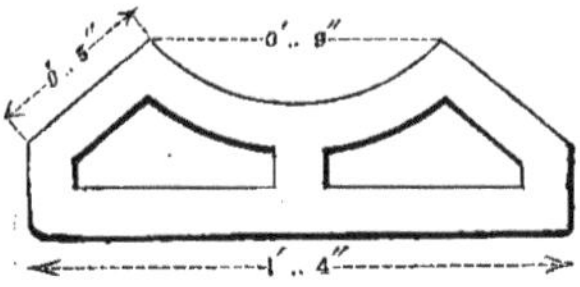

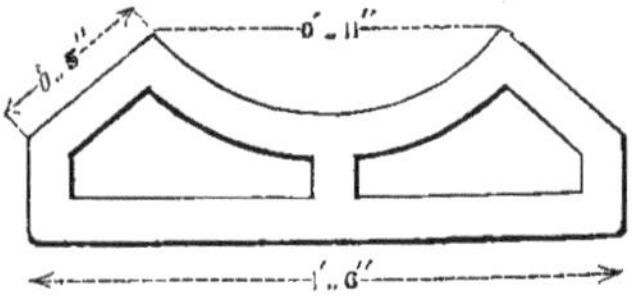

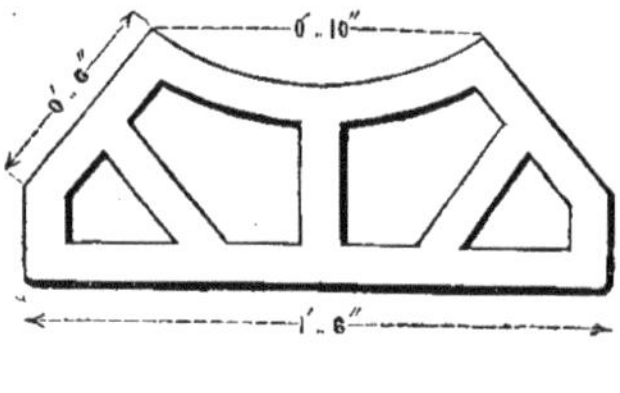

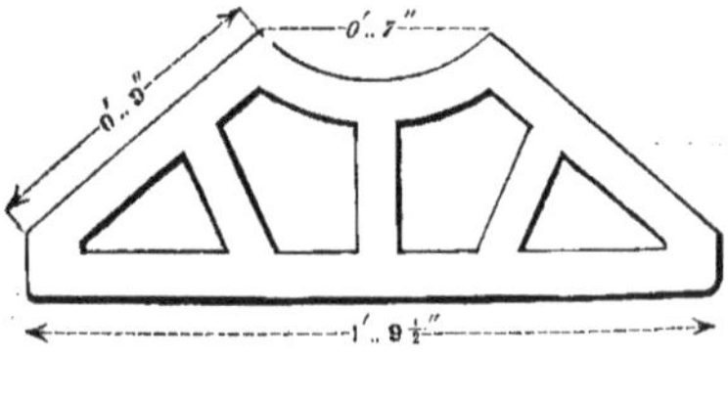

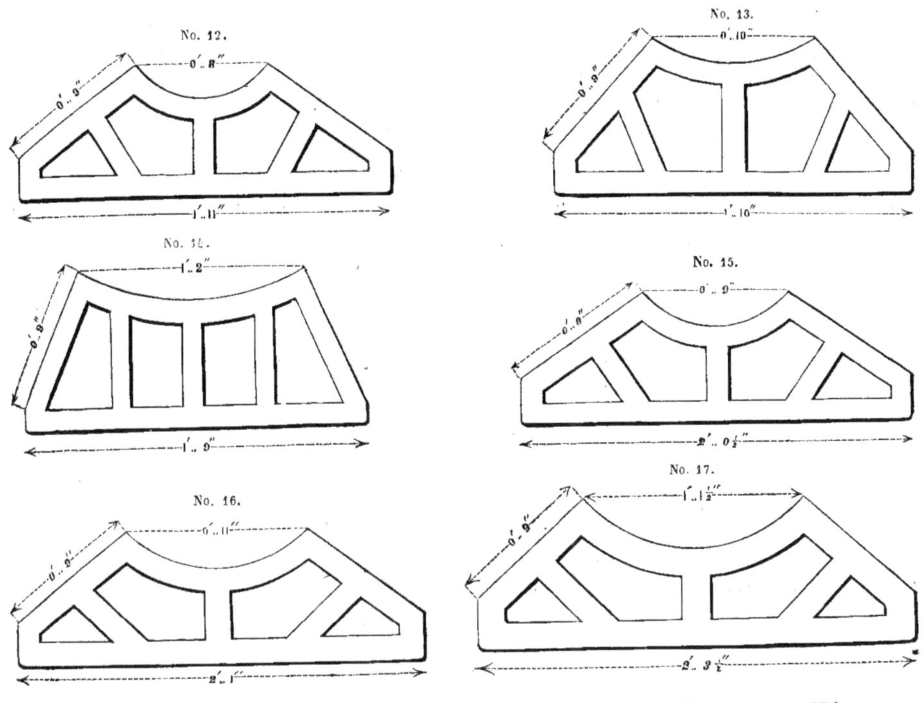

NUMÉRO de RADIER.	LARGEUR DES BLOCS à la base.	ÉPAISSEUR des MURS D'ÉGOUT ou flanc du Bloc.	DISTANCE entre ARÊTES DU CINTRE.	RAYON de CINTRE.	POIDS approximatif DU MÈTRE linéaire.	PRIX DU MÈTRE LINRE.	
						Ordinaires.	Avec languette.
					kilogr.	fr. c.	fr. c.
1	0m33	0m115	0m225	0m225	32	5 »	6 »
2	0.33	0.115	0.25	0.30	32	5 »	6 »
3	0.35	0.115	0.19	0.45	40	5 50	6 50
4	0.34	0.115	0.19	0.14	38	5 »	6 »
5	0.35	0.115	0.265	0.38	37	5 50	6 50
6	0.33	0.125	0.15	0.115	42	5 »	6 »
7	0.34	0.125	0.175	0.125	45	5 »	6 »
8	0.40	0.125	0.225	0.15	51	6 »	7 »
9	0.45	0.125	0.275	0.175	60	7 »	8 »
10	0.45	0.15	0.25	0.225	46	7 50	9 »
11	0.54	0.225	0.175	0.113	70	10 »	11 50
12	0.575	0.225	0.20	0.125	80	11 50	12 50
13	0.55	0.225	0.25	0.225	90	10 50	12 »
14	0.52	0.225	0.35	0.35	90	10 »	11 50
15	0.61	0.225	0.22	0.45	100	14 »	15 50
16	0.62	0.225	0.275	0.20	100	15 »	16 50
17	0.69	0.225	0.335	0.225	110	17 »	18 50

La jonction des branchements d'égout en tuyaux avec les égouts en maçonnerie ordinaire ne peut être plus parfaite, ni offrir plus de sécurité que par l'emploi des *Blocs-Jonctions,* brevetés, de Doulton et C°.

Chacun de ces blocs est fait de manière à présenter sur le flanc la même épaisseur que la maçonnerie de l'égout, surtout si elle est en briques, et sa surface intérieure est cintrée comme l'égout lui-même. Chaque bloc est pourvu d'un collet, soit intérieur, soit légèrement en relief, destiné à recevoir le tuyau de branchement. Ces blocs, fixés dans le mur de l'égout, font corps avec lui et reçoivent le branchement.

Section d'un Bloc-Jonction droit.

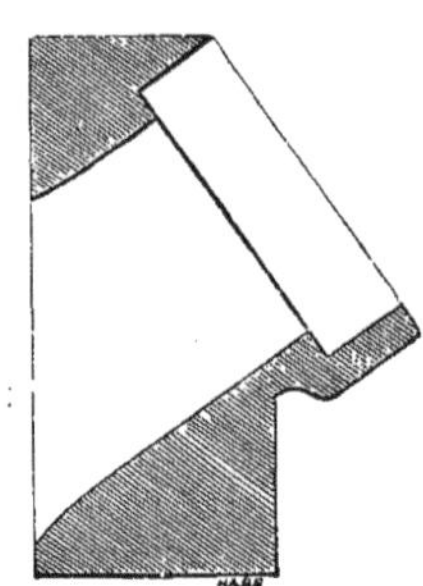

Section d'un Bloc-Jonction oblique.

Bloc-Jonction en place.

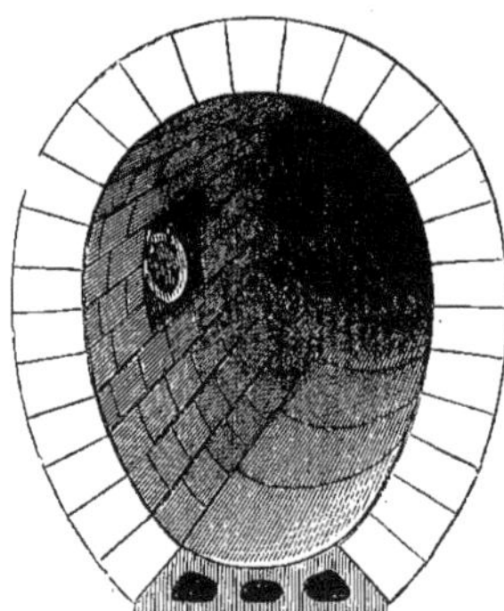

Égout en briques, avec Radier et regard.

Les prix de chaque Bloc-Jonction sont :

	POUR ÉPAISSEUR DE MAÇONNERIE				POIDS approximatif.
	DROIT		OBLIQUE		
	de 0^{m}11	de 0^{m}22	de 0^{m}11	de 0^{m}22	
	fr. c.	fr. c.	fr. c.	fr. c.	kilogr.
Pour recevoir tuyau 0.15 de diam.	5 25	6 75	5 50	8 25	15
— — 0.22 —	7 50	8 25	8 25	10 50	25
— — 0.30 —	11 25	14 25	12 »	15 75	30
— — 0.375 —	15 75	21 »	16 50	22 50	35

IV. — ÉGOUTS SEGMENTAIRES DE DOULTON & C°.

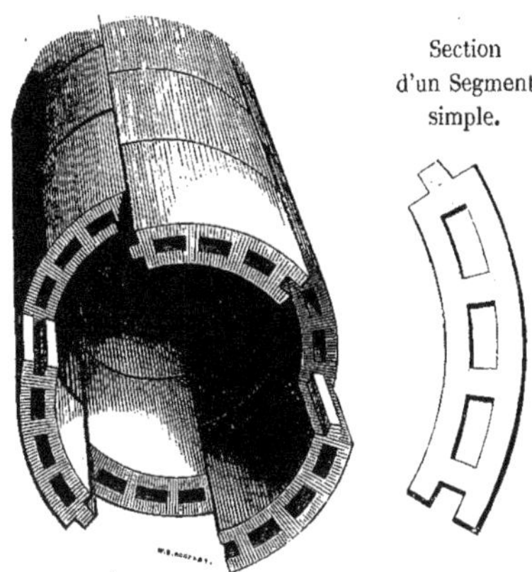

Section
d'un Segment
simple.

Les avantages que présentent ces égouts sont nombreux. Ils sont d'une force considérable, indestructibles, inattaquables par les acides. Les segments sont d'un affrètement et d'un transport faciles. De simples cerces, ou tambours en charpente légère, suffisent pour le montage et facilitent la pose. Les joints par emboîtement, ainsi que l'indique la section ci-dessus, offrent une solidité suffisante pour conduits ordinaires. Ce mode a été dernièrement perfectionné par MM. Doulton en remplaçant l'assemblage par emboîtement par l'emploi d'une clef en ∞ ; avec de bon ciment de Portland, les joints sont ainsi fortement consolidés et empêchent le conduit de s'ouvrir dans le sens du développement du cercle.

Ces égouts conviennent surtout dans les localités où la maçonnerie est d'un prix élevé, lorsque l'on a à traverser des terrains peu solides, marécageux, ou encore quand on se trouve en présence d'eaux chargées de matières corrosives qui attaquent les égouts en maçonnerie et obligent à des réparations fréquentes.

La construction de ces égouts est facile et rapide.

Des segments avec collet d'embranchement pour tuyaux de tous diamètres sont fournis sur commande et moyennant une très-légère augmentation de prix sur les blocs ordinaires.

Les prix du mètre linéaire d'égouts segmentaires sont :

Diamètre intérieur de 0^m525,	pesant environ	250 kilogr.	25 fr.
—	—	de 0.60,	—	—	300	—	30
—	—	de 0.75,	—	—	400	—	40
—	—	de 0.90,	—	—	500	—	50
—	—	de 1.20,	—	—	700	—	70
—	—	de 1.35,	—	—	900	—	90
—	—	de 1.50,	—	—	1050	—	105
—	—	de 1.65,	—	—	1350	—	135
—	—	de 1.80,	—	—	1700	—	170

Les segments avec branchements augmentent d'une plus-value de 1 fr. 50 c. à 6 fr. par branchement, suivant diamètre.

V. — ÉVIERS ET URINOIRS DOULTON.

Ils sont fabriqués avec une nouvelle pâte de grès blanc, plus dure que la pierre et même que le marbre. L'émail dont ils sont recouverts fait corps avec le fond et leur donne une surface très-lisse qui peut résister aux corrosifs. Ils se nettoient aussi facilement qu'une assiette. Leur force est amplement suffisante pour supporter tous les services auxquels ils sont destinés.

Quand on veut se protéger efficacement contre toute émanation des descentes ménagères, on les complète par l'emploi d'un syphon de même fabrication.

Éviers.

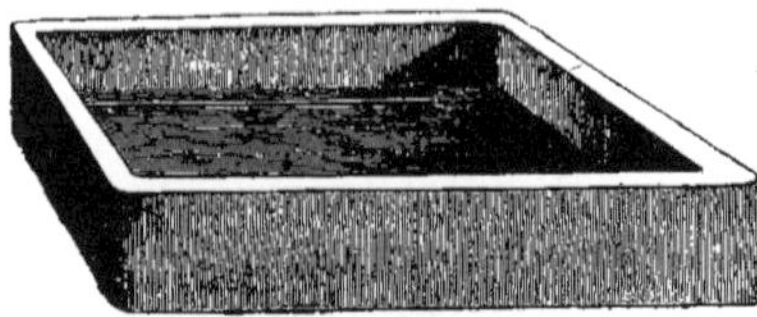

No. 1. — Droit.

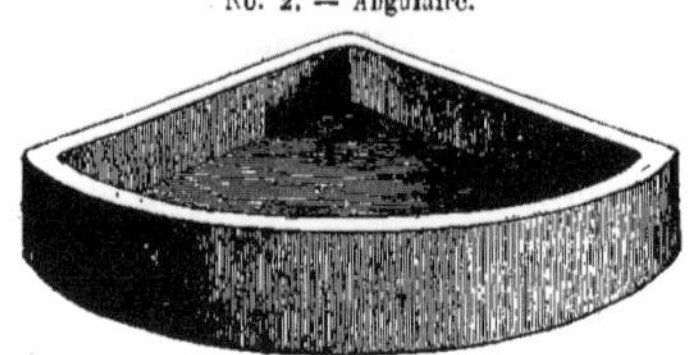

No. 2. — Angulaire.

	DIMENSIONS.			PRIX.
	Longueur.	Largeur.	Profondeur	LA PIÈCE.
Droits. — No. 1.				
Petit.	0ᵐ55	0ᵐ40	0ᵐ09	12 fr.
Moyen.	0.60	0.43	0.09	14
Grand	0.65	0.45	0.09	18
Extra.	0.75	0.50	0.10	22
Extra profond	0.75	0.50	0.15	25
Extra grand	0.80	0.55	0.10	25
Angulaires. — No. 2.				
Petit.	0.70	0.54	0.09	12
Grand	0.75	0.58	0.09	15

Urinoirs.

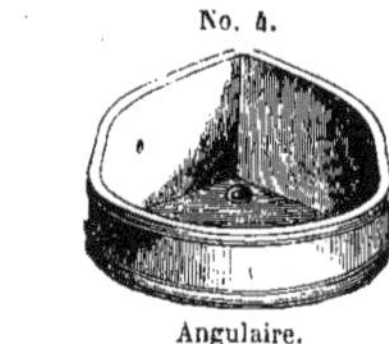

No. 3.

Dos plat.

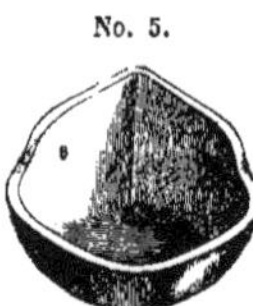

No. 4.

Angulaire.

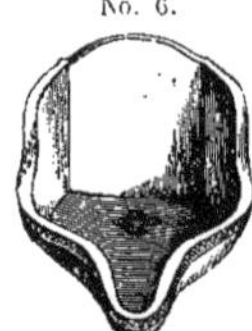

No. 5.

Angulaire.

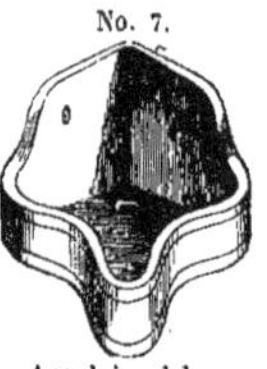

No. 6.

Dos plat, à bec.

No. 7.

Angulaire, à bec.

	DIMENSIONS		PRIX.
	DE FACE.	DE CÔTÉ.	LA PIÈCE.
			fr. c.
No. 3, dos plat.	0ᵐ30	0ᵐ30	7 50
— 4, angulaire, grand.	0.57	0.35	12 »
— 4, — moyen.	0.45	0.28	8 50
— 4, — petit.	0.32	0.26	6 »
— 5, angulaire.	0.35	0.27	7 50
— 6, dos plat, à bec.	0.32	0.35	8 »
— 7, angulaire.	0.36	0.27	7 50

Syphons émaillés
pour Éviers et Urinoirs.

Fig. 11.

Fig. 12.

Tuyau de 0ᵐ03 de diamètre. — 2 fr. 75 pièce.

VI. — CUVETTES SYPHOIDES PERFECTIONNÉES DE DOULTON.

Si une fabrication annuelle de milliers d'appareils ne suffisait pas, on n'aurait, du moins, pour l'Angleterre et ses dépendances, qu'à consulter les enquêtes parlementaires et l'opinion publique pour prouver l'importance d'un drainage complet et hygiénique des cabinets d'aisance.

Les cuvettes syphoïdes Doulton atteignent ce but par la simplicité du système et son efficacité incontestée. La quantité immense qui s'en fait permet de les livrer à un prix défiant toute concurrence, considération faite des résultats obtenus. Ces cuvettes sont en poterie de grès vitrifié, avec émail blanc intérieur ne pouvant s'écailler.

Les figures, qui représentent les différents modèles, indiquent suffisamment le principe hydraulique très-simple de ces appareils. Leur entretien à l'état de propreté parfaite est facile. Avec moins d'eau que pour les autres systèmes hydrauliques en usage, on est non-seulement à l'abri des émanations des gaz délétères remontant de la fosse, mais on est aussi protégé contre la production des mouches stercorales qui pullulent avec une si étonnante facilité. Sans aucune complication de soupapes en métal, elles ne nécessitent pas de réparation. Le bassin d'une cuvette vient-il à se casser, le remplacement en est facile et peu coûteux.

Il serait oisif de citer tous les établissements publics et particuliers qui les ont adoptés en Angleterre ; qu'il suffise de citer : en France, les maisons ouvrières construites avenue Daumesnil, à Paris, pour S. M. l'Empereur ; au Brésil, une seule commande de 28,000 cuvettes pour la ville de Rio-Janeiro. Des envois constants s'en font aux Etats-Unis et autres contrées lointaines.

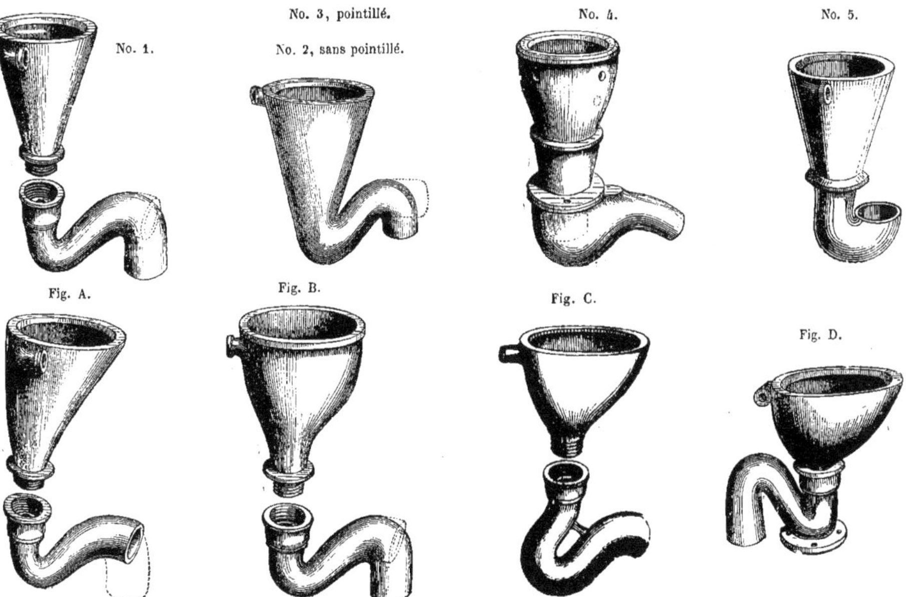

En Angleterre, la cuvette n° 4 est celle généralement adoptée pour les prisons. Le n° D est le plus employé par suite de son bon marché extraordinaire. Les n°s E et F sont les modèles qui possèdent les derniers perfectionnements de lavage circulaire au lieu de lavage en spirale.

Les cuvettes à syphon détaché peuvent avoir ce syphon donnant la chute indiquée par le pointillé.

Moyennant une augmentation de prix de 1 fr. 75 c., chacun des syphons peut être livré avec une fenêtre à fermeture hermétique, dont le but est de permettre l'examen de la conduite.

Fig. E.
Section.
Fig. F.
Section.

 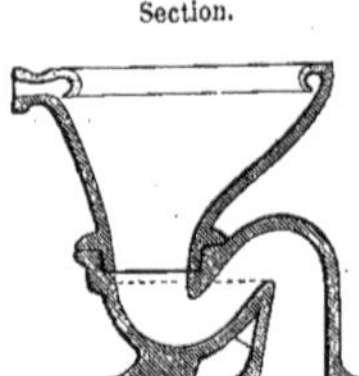  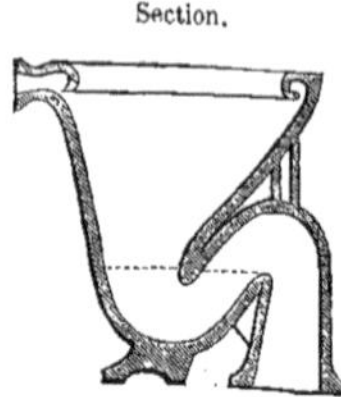

PRIX DES CUVETTES AVEC SYPHON.

Modèles Nos. 1, 2, 3, 5 ; fig. A, B, C . . . . 10 fr. pièce.
— 4 ; fig. E, F . . . . 11 —
Modèle Fig. D . . . . 8 —
Modèles pâte tendre, article de concurrence, No. 1 et Fig. D (*) . . . 7 —
Les Cuvettes seules se vendent . . . . 6 et 7 —
Les Syphons seuls — . . . . 4 —

Tous autres modèles sur commande.

Fabrication, aux meilleures conditions, de Bassins de Cuvettes pour les fabricants ayant leur propre système.

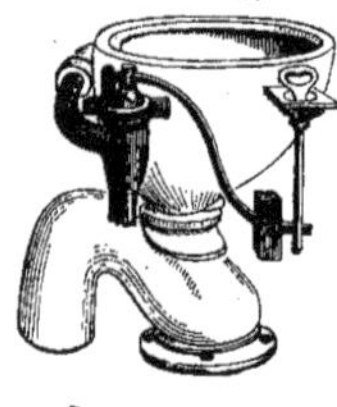

Cuvette D avec Appareil.

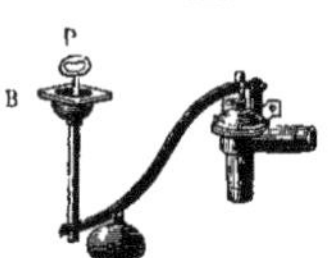

L'eau nécessaire aux Cuvettes syphoïdes Doulton peut leur être amenée par tel système que l'on jugera le plus convenable, suivant la position du siége relativement au réservoir ou conduit d'eau.

Pour satisfaire à la demande des clients qui n'auraient point d'autre système, la maison Doulton s'est mise en mesure de fournir les appareils suivants comme remplissant les conditions convenables :

Robinet-Soupape à lévier et contre-poids.

Bassin B et poignée P en fer étamé . . . . 12 fr.
— — en cuivre . . . . 15 fr.
Bassin B profond, poignée P en cuivre . . . . 16 fr. 50 c.

Sur demande, ces deux derniers appareils peuvent avoir les poignées en cristal ou en porcelaine.

(*) Ces Cuvettes, vernis jaune à l'extérieur, émail très-blanc à l'intérieur, sont de belle apparence, mais elles n'ont ni la même dureté ni la solidité de celles en grès vitrifié.

VII. — TERRA COTTA DOULTON & C°.

Une fabrication soignée et une cuisson à température prolongée et très-élevée donnent à ces poteries une dureté plus grande que celle de la pierre, et permettent à MM. Doulton de garantir leur résistance et leur inaltérabilité à toutes les intempéries atmosphériques. Leur couleur est d'un gris-blanc, à peu près pareille à celle de la pierre calcaire employée généralement à Paris.

Conduits de Cheminées :

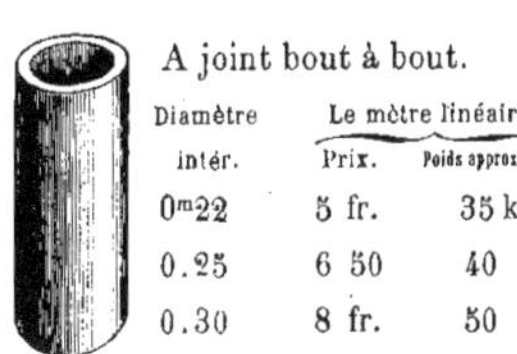

A joint bout à bout.

Diamètre intér.	Le mètre linéaire.	
	Prix.	Poids approxim.
0m22	5 fr.	35 kos
0.25	6 50	40
0.30	8 fr.	50

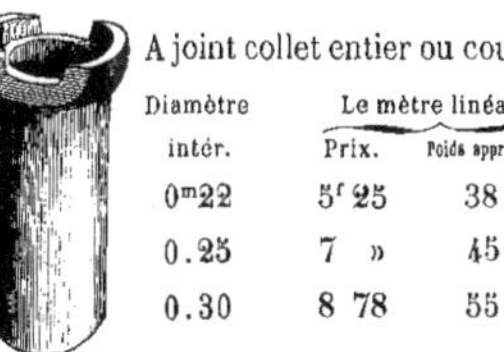

A joint collet entier ou coupé.

Diamètre intér.	Le mètre linéaire.	
	Prix.	Poids approxim.
0m22	5f 25	38 kos
0.25	7 »	45
0.30	8 78	55

Oblong, à coins arrondis, joints bout à bout.

Diam. int.	Le mètre linéaire.	
	Prix.	Poids approxim.
0m25×0m15	5 fr.	30 kos
0.55×0.22	7	35
0.40×0.25	12	45

Tuyaux à double effet ou Ventilateurs (Brevet d'invention). — Ces conduits ont pour but de combiner, ainsi que MM. Doulton l'ont spécifié dans leur brevet, d'obtenir, à des conditions économiques et perfectionnées, une conduite pour la ventilation des appartements joignant celle pour l'échappement de la fumée. Ce résultat a été obtenu en fabriquant un tuyau double, dans lequel le conduit d'air suit le même parcours que la fumé e, mais sans communication possible entre les deux conduits. L'échauffement des parois des conduits par la fumée produit un courant ascensionnel qui entraîne l'air vicié des appartements au moyen d'ouvertures latérales s'ouvrant à la hauteur du plafond.

Chaque bout est muni d'une languette, qui s'emboîte dans la rainure du bout suivant, de manière à intercepter la pénétration de la fumée dans le conduit ventilateur, et cela, même si le mortier se trouvait crevassé. Cet emboîtement a aussi l'avantage de consolider le joint.

L'inclinaison ou la direction des conduits de cheminée étant variable, il convient de donner à l'avance les ordres avec croquis côté du parcours. Ces conduits se marient avec une maçonnerie quelconque.

Les dessins suivants indiquent la forme et les dimensions : celui en élévation montre l'ouverture latérale qui communique avec l'appartement à ventiler ; il vient s'ouvrir près du plafond, et l'embouchure en est dissimulée par une grille ou plaque découpée à jour.

Quand on le désire, le bout qui termine le haut du conduit peut être avec sortie latérale pour l'air ; le dessus du conduit ventilateur étant fermé, la fumée ne peut rabattre, ni par suite, pénétrer dans les logements.

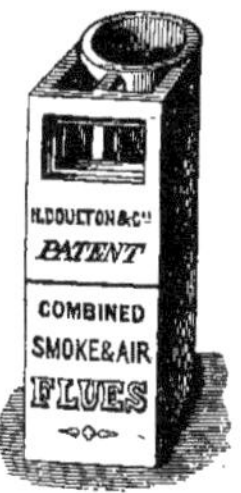

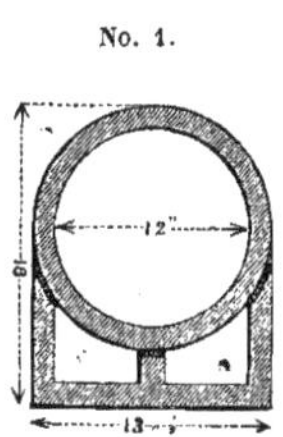

No. 1.

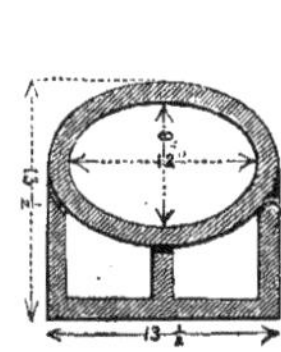

No. 2.

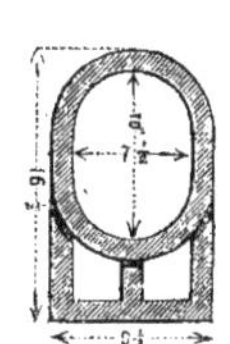

No. 3.

No. 4.

	Nos. 1.	2.	3.	4.
Diamètre intérieur, fumée.	0m30	0m30×0m205	0m19×0m25	0m19×0m215
Profondeur extérieure.	0.45	0.345	0.42	0.33
Largeur extérieure.	0.33	0.345	0.24	0.24
Prix du mètre linéaire. Fr.	13	11	10	8 50

Cloisons terminales pour cheminées. — Lorsque l'on ne désire pas employer de mitres et que l'on veut éviter la communication à niveau des conduits de cheminée, les cloisons Doulton trouvent un emploi facile.

Les longueurs sont celles à la base ; les prix à la pièce,

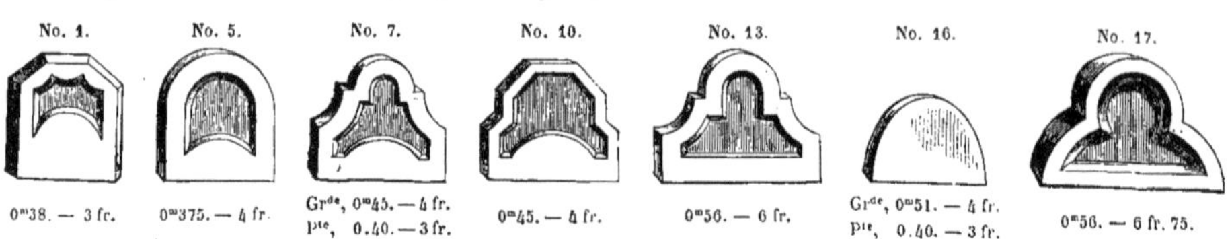

VIII. — TÊTES OU COURONNEMENTS DE CHEMINÉES.

Quoique l'assortiment en magasin, aux fabriques ou au dépôt soit généralement bien fourni, on comprend que la grande variété des modèles fait recommander que les ordres soient donnés quelque temps à l'avance. En dehors des modèles de la fabrication ordinaire, la maison se charge de fabriquer tout modèle sur commande.

Les dessins ci-après sont à l'échelle de 4 pour 100.

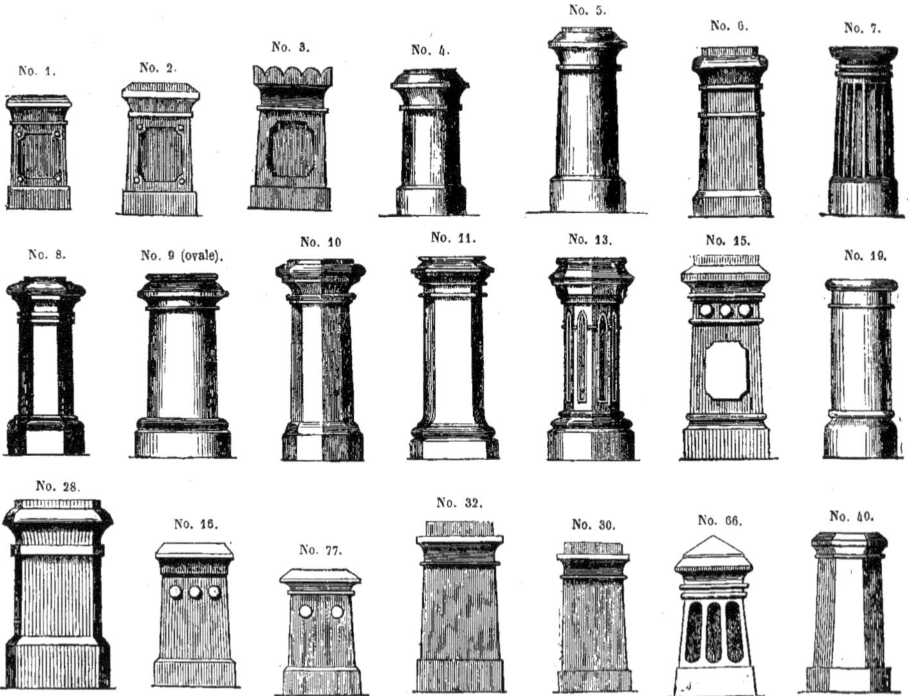

No. 21.
No. 12.
No. 17.
No. 14.
No. 22.
No. 24.
No. 41.
No. 42.
No. 46.
No. 45.
No. 47.
No. 48.
No. 2
No. 26.
No. 34.
No. 27.
No. 49.
No. 43
No. 18.
No. 81.
No. 7.
No. 67.
No. 74.
No. 36.
No. 82.
No. 72.
No. 73.

Nos. 50. 51. 52. 53.
No. 83.
No. 84.
No. 78.
No. 20.
Nos. 54 55. 56. 57.
Nos. 58. 59. 60. 61.
Nos. 62. 63. 64. 65.
No. 69.
No. 75.
No. 70
No. 68.
A pointes ou arrondis,
comme le pointillé.
No. 44.
No. 70.
No. 33.
No. 31.

TÊTES DE CHEMINÉES.

Quoique les dessins de cheminées soient à l'échelle de 4 pour 100, on comprend que le degré de cuisson n'étant pas toujours le même, l'on ne puisse donner que des mesures très-rapprochées d'une exactitude que l'on ne peut garantir mathématique.

N° du Modèle.	DÉSIGNATION.	HAUTEUR.	DIMENSIONS A LA BASE Intérieure.	Extérieure.	PRIX à LA PIÈCE.
1	Rectangulaire	0^m52	$0^m255 \times 0^m255$	0.30×0.30	4 10
2	—	0.60	0.30×0.255	0.35×0.27	6 »
3	— à festons.	0.65	0.30×0.255	0.33×0.25	7 75
4	Ronde	0.67	0.255	0.30	3 75
5	—	0.82	0.30	0.33	6 »
6	Rectang., pans coupés.	0.75	0.28	0.33×0.33	7 75
7	Ronde	0.75	0.30	0.33	7 75
8	Petite, six pans.	0.60	0.23	0.28	7 »
8	Grande, —	0.75	0.25	0.30	7 75
9	Ovale.	0.82	0.40×0.30	0.43×0.33	9 50
10	Petite, huit pans. . . .	0.75	0.27	0.30	7 75
10	Grande, —	0.90	0.32	0.35	10 25
11	Rectangulaire, pans arrond.	0.90	0.37×0.28	0.40×0.31	12 75
12	Ronde, ornée.	1.20	0.41	0.45	34 »
13	Huit pans, gothique. .	0.90	0.30	0.35	12 »
14	Ronde	1.05	0.33	0.38	13 75
15	Rectangulaire	0.90	0.35×0.30	0.40×0.35	9 50
16	—	0.68	0.33×0.29	0.38×0.33	7 75
17	Ronde	1.05	0.36	0.40	10 75
18	—	1.05	0.41	0.45	15 75
19	Grande, ronde.	0.82	0.30	0.35	6 »
19	Petite, —	0.75	0.26	0.30	5 »
20	Rectangulaire	1.20	0.33×0.27	0.36×0.30	18 »
21	Huit pans	1.25	0.38	0.43	21 »
22	Ronde, ornée.	1.05	0.27	0.32	15 »
24	— —	1.05	0.33	0.38	15 »
25	— —	1.80	0.51	0.58	70 »
26	— —	1.80	0.51	0.58	70 »
27	— —	1.80	0.51	0.58	70 »
28	Rectang., pans coupés.	0.90	0.43×0.33	0.48×0.36	15 »
30	Rectangulaire	0.68	0.25×0.25	0.30×0.30	6 »
31	—	0.90	0.25×0.25	0.30×0.30	7 75
32	—	0.75	0.33×0.23	0.38×0.28	7 75
33	—	0.97	0.33×0.23	0.38×0.28	9 50
34	—	0.60	0.26	0.30	5 25

N° du Modèle.	DÉSIGNATION.	HAUTEUR.	DIMENSIONS A LA BASE Intérieure.	Extérieure.	PRIX à LA PIÈCE.
36	Petite, ronde.	0^m60	0.28	0.33	3 40
36	Moyenne, —	0.90	0.28	0.33	6 90
36	Grande, —	1.20	0.28	0.33	9 75
36	Extra, —	1.50	0.28	0.33	16 25
40	Six pans.	0.75	0.28	0.33	5 25
41	Huit pans	1.10	0.28	0.33	15 »
42	—	1.10	0.30	0.35	15 »
43	Six pans.	1.35	0.34	0.36	24 »
44	Rectangulaire	0.90	0.35×0.38	0.58×0.33	13 »
45	Ronde, à chapeau. . .	0.90	0.29	0.33	13 »
46	— —	1.13	0.29	0.33	17 »
47	— ventilateur . .	1.15	0.30	0.35	17 »
48	— — . .	0.90	0.26	0.30	12 »
49	— — . .	0.82	0.28	0.32	10 25
50 à 65	Rondes, ornées, isolées ou accouplées deux à deux, trois à trois, quatre à quatre, comme le dessin les montre. . .	1.80	0.39	0.45	60 »
66	Rectangulaire, lucarne.	0.75	0.29×0.27	0.35×0.30	11 »
67	Six pans	0.63	0.29	0.33	7 75
68	Rectangulaire	0.83	0.44×0.32	0.45×0.36	17 »
69	—	0.97	0.37×0.25	0.42×0.30	15 »
70	Ronde	0.82	0.29	0.33	7 75
71	Six pans, gothique. . .	0.60	0.29	0.33	8 50
72	Octog., à base carrée.	0.42	0.32	0.36	3 40
73	Ronde oblongue	0.45	0.37×0.25	0.40×0.28	2 85
74	Rectangulaire	0.60	0.30	0.35	5 25
75	—	0.82	0.30×0.25	0.35×0.30	7 75
76	—	1.00	0.33×0.23	0.38×0.28	8 50
77	—	0.60	0.29×0.29	0.33×0.33	6 »
78	— double. .	1.05	0.34×0.34	0.38×0.38	17 »
81	Ronde	0.60	0.25	0.30	2 60
82	—	0.52	0.25	0.30	2 75
83	— à ventilateur. .	0.60	0.25	0.30	16 »
84	—	0.45	0.25	0.30	9 50

IX. — BORDURES DE JARDIN

Ces bordures sont, soit en grès vitrifié rouge, soit en terra cotta blanche.
Elles résistent à toutes les intempéries.

No. 1.

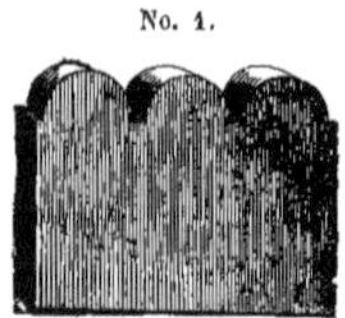

No. 2.

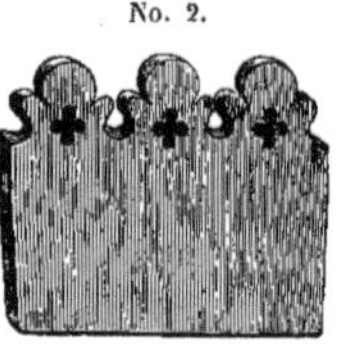

No. 3.

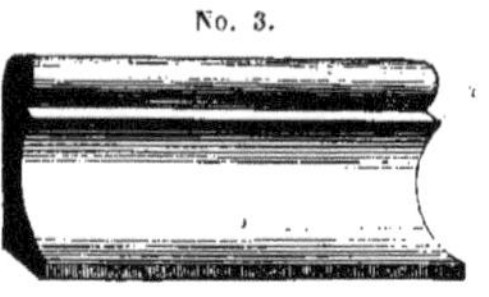

No. 4.

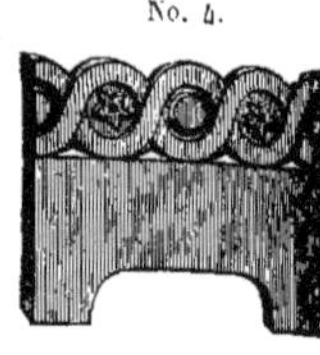

Prix du cent des	Nos.	1—2—4	3
En bouts de 0ᵐ22 de long.	Fr.	24	29
— de 0.15	—	19	20

De nouveaux modèles doivent être faits à une époque rapprochée.

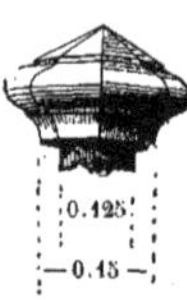

CHAPEAUX EN GRÈS, vernis rouge, pour Poteaux de clôture, etc.

La pièce, 1 fr. 50 c.

Octogonaux, 0ᵐ15 extérieur et 0ᵐ125 de diam. intérieur ou de creux.

Outre tous les articles mentionnés au présent Tarif, MM. Doulton et Cᵒ fabriquent tous articles sur commande, tant en poterie de bâtiment qu'en appareils de chimie (vases jusqu'à contenance de 2,500 litres, serpentins, cornues, robinets, bassines évaporatoires en grès, creusets, moufles, fourneaux, etc.), et tous appareils quelconques en plombagine ou en terre réfractaire. — En poterie de grès fin : filtres, bouteilles, barrils ronds et ovales, bains-de-pieds et toute la petite poterie.

Pour l'exportation ou toute destination pour lesquelles les conditions de transport et de droit d'entrée seraient autres que pour Paris, des prix seront facturés à prendre aux usines ou au port d'embarquement, tous frais restant à la charge du destinataire.

Paris. — Imprimerie A. Wittersheim, rue Montmorency, 8.

1st CLASS MEDAL 1851
PRIZE MEDAL 1862
DEPOT
45 Rue Basse du Rempart
PARIS
DOULTON & Cº
LONDON
45 Rue Basse du Rempart
PARIS

CORNUE à Chlore gazeux, avec son couvercle à tuyau syphonné lut à eau.

»ᶠ 40 le litre, jusqu'à 100 litres.
» 50 — au-dessus et à partir de 100 litres.

Sur commande, on peut avoir la Cornue à chlore avec couvercle simple et panier à tremper.

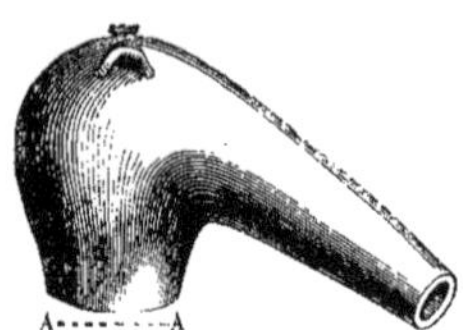

TÊTE DE CORNUE (mesurée de dehors en dehors, à l'entrée A A).

1 fr. 60 le pouce, ou » fr. 64 le c/m de diamètre.

CORNUES TUBULÉES.

No.	1/4	2/4	3/4	1	2	3	4	5	6
Contenance. Litres.	1.25	2.50	4	5	10	15	20	25	30
Pièce. . . . Fr.	2 05	2 75	3 40	4 80	6 90	9	11	13	15

Terrine évaporatoire.

TERRINES ÉVAPORATOIRES.

Diamètre. C/m.	5	10	15	20	25	30	35	40	45	50
Pièce. . . Fr.	» 35	» 70	1	1 40	2 05	2 75	4 15	5 50	6 90	9 50

Diamètre. C/m.	55	60	65	70	75
Pièce. . . Fr.	11	13 75	16 50	19 25	20 65

Tuyau de Décharge.

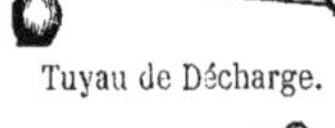

Rallonge.

TUYAUX DE DÉCHARGE ET RALLONGES.

Longueur. C/m.	30	40	50	60	75	90	120	150
De Décharge. Pièce. Fr.	2 05	3 40	4 15	5 50	6 90	8 25	11	13 75
De Rallonge. —	1 40	2 75	3 40	4 15	4 80	6 90		

Lut glaise.   Lut à eau.

TUYAUX INTERMÉDIAIRES.

Diamètre intérieur. C/m.	6	7.5	10
Lut terre (glaise). Pièce. Fr.	3 40	4 80	6 90
— à eau. . . . . —	4 15	5 50	6 90

Ces Tuyaux se font aussi : Lut à eau d'un bout, à glaise de l'autre, et, moyennant 1 f. 25 en plus, avec jambe ou bout plongeur.

TUYAUX A ACIDES, par bouts de 60 centimètres.

Diamètre intérieur. C/m.	3.7	5	7.5	10	45	22.5	30
Le mètre linéaire. Fr.	2 35	2 70	3 35	3 70	5 35	9 35	16 65

Les Coudes et Branchements, sur instructions, sont comptés à raison d'une plus-value équivalente à 0ᵐ50 de tuyau droit. — Plus longs que 0ᵐ60, les prix de tuyaux se fixent de gré à gré.

SERPENTINS. No.	HAUTEUR.	DIAM.	DIAM. INTÉR. DU TUYAU.	PRIX.
0	23 c/m. . . .	12 c/m. . .	1 c/m	12 fr.
1	45 —	22 — . . .	1 —	14
2	62 —	35 — . . .	2 —	29
3	75 —	45 — . . .	2.5	58
4	100 —	60 — . . .	2.8	87
5	112 —	65 — . . .	5	115
6	125 —	67 — . . .	6.3	145

Plus grands, sur commande.

Sur commande on fournit tout autre modèle ou disposition. — Serpentins spéciaux pour la fabrication des Nitro-Benzines ou autres produits qui demandent un mélange lent.

ROBINETS, formes A, B, C.

No.	1/4	1/2	3/4	1	1¼	1½	2	2½
Donnant un débit de m/m.	6	12	19	25	32	38	50	62
Pièce........ Fr.	2 75	3 50	5 50	10	14	20	34	55

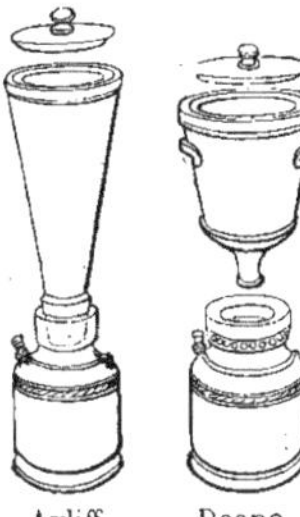

PERCOLATEURS DE AYLIFF
OU PERFECTIONNÉS DE DEANE.

No.	1	2	3
Litres.	5	10	15
Pièce. Fr.	15	22 50	30

Ayliff. Deane.

POTS A PILES, CYLINDRIQUES.
Sur commande, à dimensions indiquées.

Contenance. Litres.	1	2	2.5	3	4
Prix. Le cent. Fr.	30	50	60	80	90

Contenance. Litres.	5	7.5	10
Prix. Le cent. Fr.	105	160	210

POTS A ACIDE.

Litres.	1.25	2	2.5	4
Pièce. Fr.	» 50	» 80	» 90	1 05

Litres.	5	10	15
Pièce. Fr.	1 35	2 70	4

POTS A INFUSION, avec passoire et Couvercle.

Litres.	0.60	1.25	2	2.5
Pièce. Fr.	1 25	1 75	2 50	3 25

Litres.	4	5
Pièce. Fr.	4	5 75

Avec Passoire fixe, sur commande.

BASSINES CONIQUES ET TERRINES.

Litres.	0.15	0.30	0.50	1.25	2.5	4	5
Pièce. Fr.	» 30	» 55	» 70	» 80	» 90	1 05	1 25

Et 25 centimes le litre jusqu'à 30 litres ; au-dessus, mêmes conditions que les Bassines droites, etc.

TERRINES à Tubulures, pour soutirage, 10, 15 et 20 centimes en plus.

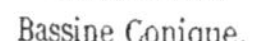

Bassine Conique. Terrine.

CUVETTES PHOTOGRAPHIQUES rectangulaires, 60 centimes le litre.

BOUTEILLES A ACIDE, bouchons rodés.

Litres.	1.25	2.5	5	7.5	10	15	20	25	30
Pièce. Fr.	» 80	1 25	1 70	2	2 50	3 75	4 90	6	7

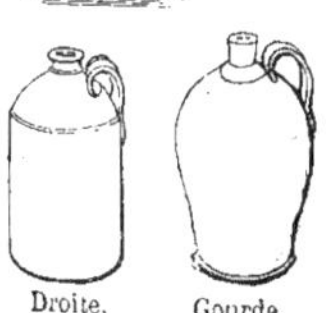

BOUTEILLES, DROITES OU GOURDES.

Litres.	0.30	0.60	1 25	2	2.5	3	4	5	7.5	10
Pièce. Fr.	» 22	» 25	» 40	» 55	» 65	» 75	» 82	» 90	1 35	1 80

Litres.	15	20	25	30
Pièce. Fr.	2 70	3 60	4 50	5 40

Droite. Gourde.

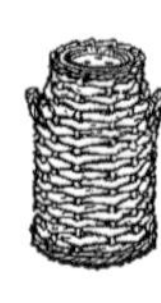

BOUTEILLES A ESPRIT, en panier.

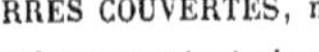

Osier blanc, jusqu'à l'épaule.	Litres.	2.5	5	7.5	10	15	20	25	30
	Pièce. Fr.	1 75	2 15	2 80	3 50	4 75	6 25	7 25	9
— jusqu'au goulot. —		1 85	2 25	2 90	3 60	5	6 50	7 55	9 35
Osier brut, — —	»	1 90	2 50	3	4 25	5 50	6 75	8	

JARRES COUVERTES, mêmes prix.

Les Bouteilles peuvent avoir des bouchons en grès, à vis et rondelle en caoutchouc, moyennant augmentation de :

Fr.	» 75	» 70	» 65	» 50	» 40	» 35	» 30
pour les capacités de litres	30	25	20	15	10	5	petites.

JARRES. — Litres.	0.15	0.30	0.60	1.25	2	2.5	4	5	7.5	10
Le cent. Fr.	16 75	20	27	40	55	69	81 25	95	122 50	170.

Litres.	15	20	25	30
Le cent. Fr.	245	320	400	475

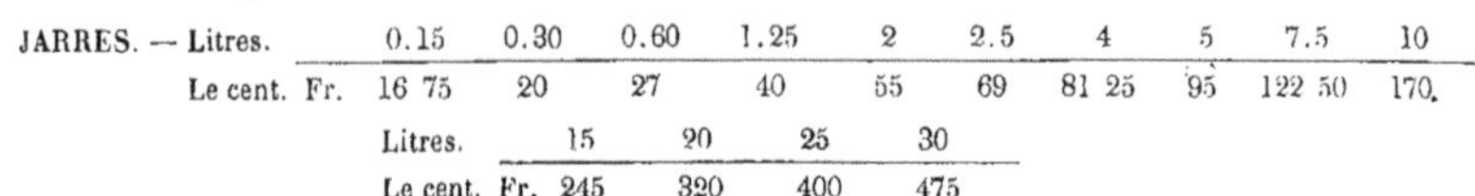

POTS A EXTRAITS. — Litres.	0.03	0.06	0.10	0.125	0.20	0.300	0.400	0.500
Le cent. Fr.	8 50	10	13 50	17	18 50	20	23	27

Litres.	0.750	1	1.50	2	3	4	5	7.5	10
Le cent. Fr.	33 50	40	55	70	80	95	125	142	190

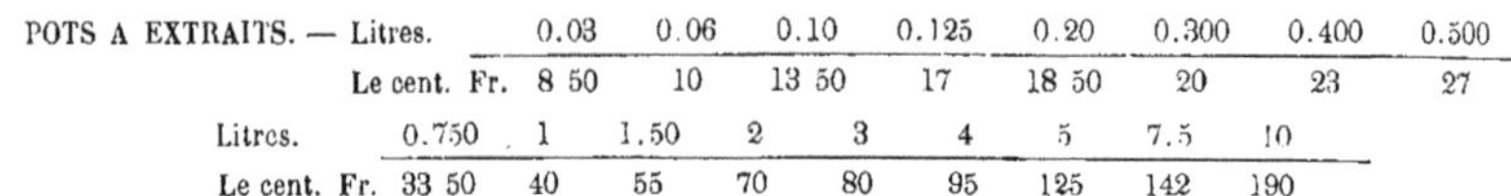

POTS et JARRES avec couvercles, etc., suivant Tarif général.

POTS A FERMETURE HERMÉTIQUE.

Litres.	0.30	0.60	1.25	2	2.5	4	5	7.5	10	15	20
Pièce. Fr.	» 80	» 95	1 25	1 65	1 90	2 25	2 50	3 25	4	5 75	7 50

Litres.	25	30	35	40	50	75	100
Pièce. Fr.	9	10 75	12 50	14	18	26	34

POCHES

ENTONNOIRS

POCHES et ENTONNOIRS.

Litres.	0.15	0.20	0.30	0.60	1.25	2	2.5
Pièce. Fr.	» 45	» 50	» 55	» 80	1 10	1 35	1 65

Litres.	4	5	7.5	10
Pièce. Fr,	2	2 50	3 75	5

Ouverte.   Couverte.   Droit.   Arrondi.

ENTONNOIRS A COTES HÉLIÇOIDES,
POUR FILTRER.

Litres.	0.30	0.60	1.25	2	2.5	4	5
Pièce. Fr.	» 65	» 90	1 25	1 50	1 80	2 25	2 75

PANIERS A TREMPER ou PASSOIRES.

Litres.	0.60	1.25	2	2.50	4	5
Pièce. Fr.	» 90	1 25	1.75	2 50	3.75	5

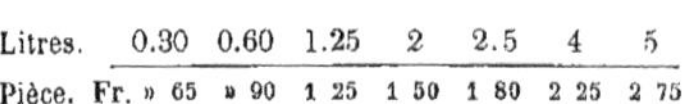

Tous autres Appareils sur commande.

EMBALLAGES. Harasse, 5 fr. 75. — Demi-Harasse, 3 fr. 75. — Barriques, 10 fr. — Tonneaux, 6 fr. 25. — Caisses fortes, suivant besoin.

Pour l'Exportation, prix pris en Fabrique.

Si l'on remet des modèles, avoir soin, *s'ils doivent être moulés*, de les tenir 10 % plus grands que grandeur naturelle ; quand un dessin ou croquis suffit, en donner les côtes et dire si elles sont **intérieures** ou **extérieures**.

TARIFS SPÉCIAUX pour Creusets, Moufles, Fourneaux, etc., en Plombagine et Terre Réfractaire ; — Petite Poterie, Barils et Filtres au charbon ; — Poteries de Bâtiment, Tuyaux, Égouts, Syphons, Éviers, Urinoirs, Cuvettes syphoïdes inodores ; — Têtes et Conduites de Cheminées, etc., etc.

PARIS. — IMPRIMERIE A. WITTERSHEIM, RUE MONTMORENCY, 8.

OULTON & Co
ONDON
1 CLASS MEDAL 1851
PRIZE MEDAL 1862
DEPOT
PARIS

MANUFACTURE GÉNÉRALE DE POTERIES EN GRÈS

DOULTON & Cᵒ

DE LONDRES

DÉPOT, 15, rue de Paradis-Poissonnière, et rue Martel, 18, PARIS

Usines : a LAMBETH-LONDRES, ROWLEY-REGIS (Staffordshire), SMETHWICK, près Birmingham,
SAINT-HELENS, près Liverpool

1867, DEUX MÉDAILLES ARGENT ET UNE MÉDAILLE BRONZE

MÉDAILLE D'HONNEUR, 1851: — DEUX MÉDAILLES, 1862 (les seules accordées à la Poterie de Grès, pour excellence de fabrication et bon marché);
MÉDAILLES AUX CONCOURS RÉGIONNAUX : CAEN, 1867, AUXERRE, 1866: — MÉDAILLES AUX EXPOSITIONS DE HAMBOURG,
OPORTO ET DE LA NOUVELLE-ZÉLANDE.

TARIF DE PETITE POTERIE ET FILTRES

Ce Tarif supprime les précédents. — Envois directs des usines pour l'exportation

Toute la fabrication courante étant faite sur mesures anglaises, les indications ci-dessous donnent les capacités métriques les plus rapprochées, le gallon anglais étant considéré comme équivalent à cinq litres.

Mesures anglaises.	Once.	¼-pt.	½-pt.	Pint.	Quart.	3 pt.	2 qt.	5 pt.	3 qt.	1 gal.	6 qt.	2 gal.
ou No.	»	1/32	1/16	1/8	1/4	3/8	2/4	5/8	3/4	1	6/4	2
Litre ou Kilogr. .	0.03	0.15	0.30	0.60	1.25	2	2.5	3	4	5	7.5	10

Dans ce Tarif, tous les articles sont, comme capacité, désignés suivant les mesures françaises du tableau ci-dessus. Les prix comprennent les frais d'importation jusqu'à Paris, et, excepté pour les petites quantités, Dunkerque, Calais, Boulogne, Dieppe, Rouen, Le Havre (entrepôt). — Au delà, les frais de transport sont à la charge du destinataire.

L'emballage n'est pas compris dans ce Tarif. — Les ventes ont lieu au comptant.

Pour l'exportation, ou suivant désir du client, les envois seront facturés aux prix de fabrique, tous frais et risques à a charge du destinataire.

TARIFS SPÉCIAUX POUR APPAREILS DE CHIMIE, — CREUSETS ET FOURNEAUX, — POTERIES DE BATIMENT.

Tous Articles sur commande.

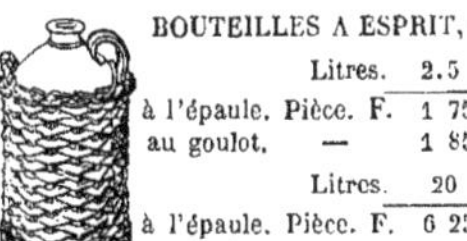

BOUTEILLES droites et gourdes.

Litres.	. 0.30	0.60	1.25	2	2.5	3
Le cent. F.	22	25	40	55	68	75

Litres.	. 4	5	7.5	10	15	20
Le cent. F.	82	90	135	180	270	360

Litres.	. 25	30
Le cent. F.	450	540

DROITE.   GOURDE.

BOUTEILLES A ESPRIT, couvertes osier blanc, jusqu'

	Litres.	2.5	5	7.5	10	15
à l'épaule.	Pièce. F.	1 75	2 15	2 80	3 50	4 75
au goulot.	—	1 85	2 25	2 90	3 60	5 »»

	Litres.	20	25	30
à l'épaule.	Pièce. F.	6 25	7 25	9 fr.
au goulot.	—	6 50	7 55	9 35

BOUTEILLES couvertes osier brun (non pelé).

Litres.	5	7.5	10	12.5	15	20
Pièce. F.	1 90	2 50	3 »»	3 75	4 25	5 50

Litres.	25	30
Pièce. F.	6 75	8 fr.

Les Bouteilles ci-dessus peuvent avoir des bouchons en grès à vis et rondelle caoutchouc, moyennant une augmentation de

centimes	75	70	65	50	40	35	30	
pour capacité de litr.	30	25	20	15	10	5	Petites.	

BOUTEILLES A ACIDES, bouchons rodés.

Litres.	1.25	2.5	5	7.5	10
Pièce. F.	» 80	1 25	1 70	2 » »	2 50

Litres.	15	20	25	30
Pièce. F.	3 75	4 90	6 » »	7 » »

BOUTEILLES PLATES.

Litres.	0.15	0.30	0.60	1.25	2
Pièce. F.	» 20	» 30	» 40	» 60	» 80

Litres.	2.5	4	5
Pièce. F.	1 10	1 20	1 35

DROITE. GOURDE.

BOUTEILLES.

Litres.	1.25	0.80	0.65	0.40
Le cent. F.	33	25	21	18 50

Litres.	Limonade 0.30
Le cent. F.	12

ALE. PORTER. LIMO-NADE.

BOUTEILLES A ENCRE.

No.	1*	2	3	4(⅛)	5	6	8(¼)	10
Ord. le cent. F.	4 50	5 75	7 50	8 50	9 25	10 »	12 »	13 50
A bec, —	6 25	7 50	9 25	10 »	11 »	12 »	14 »	15 »

No.	12	16(¼)	20	24	32(1 l.)	36	40
Ord. le cent. F.	14 50	18 50	20 »	27 50	31 »	32 50	34 »
A bec, —	17 »	20 50	22 »	29 50	33 »	34 50	36 »

A BEC.

* Chaque No. correspond à environ 30 gr. ainsi No. 4 = 120 gr. ou 1/8 dé litre.

ENCRIERS NAINS.

No.	1	1¼	2
Grammes.	30	45	60
Le cent. F.	2 50	3 » »	3 50

BOUTEILLES A CIRAGE.

Litres.	0.10	0.16	0.275	0.36	0.52
Le cent. F.	6 75	8 » »	10 » »	12 50	17 » »

BOUTEILLES A NOIR DE BRUNSWICK ou VERNIS.

Grammes.	150	240	300
Le cent. F.	8	12	21

FLACONS A ODEURS.

Grammes.	15	30	60
Le cent. F.	12	14	17

BOUTEILLES A PETIT GOULOT (dites à Curcuma).

Litres.	0.08	0.15	0.30	0.60	1.25
Le cent. F.	7 50	9 25	13 50	20 50	27 50

JARRES.

Litres	0.15	0.30	0.60	1.25	2	2.5	4
Le cent. F.	16 75	20	27	40	55	69	81 25

Litres	5	7.5	10	15	20	25	30
Le cent. F.	95	122 50	170	245	320	400	475

POTS A EXTRAITS.

Litres	0.03	0.06	0.10	0.125	0.200	0.303
Le cent. F.	8 50	10	13 50	17	18 50	20

Litres	0.400	0.500	0.750	1	1.500	2
Le cent. F.	23	27	33 50	40	55	70

Litres	3	4	5	7.5	10
Le cent. F.	80	95	125	142	190

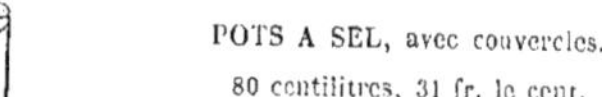

POTS A MOUTARDE.

Litres	2.5	5
Le cent. F.	70	95

POTS A CONSERVES.

Litres	0.15	0.30	0.60	0.90	1.5	2
Le cent. F.	17	20	30	40	60	72 50
A fermeture hermétique.	»	70	80	95	»	»

POTS A SEL, avec couvercles.

80 centilitres, 31 fr. le cent.

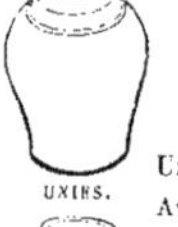

JARRES pour Tabac en poudre.

UNIES.

Litres.	0.30	0.60	1.25	2	2.5	4
Unies, pièce. F.	» 25	» 40	» 55	» 70	» 80	1 fr.
Av. armes, —	» 40	» 55	» 70	» 80	» 95	1 15

Litres.	5	10	15	20	25	30
Unies, pièce. F.	1 20	2 40	3 60	4 80	6 fr.	7 20
Av. armes, —	1 30	2 60	3 90	5 20	6 50	7 80

AVEC ARMES.

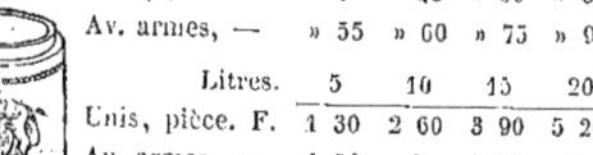

POTS D'ÉTALAGE,
avec emboîtement pour couvercle métal.

Litres.	0.30	0.60	1.25	2	2.5	4
Unis, pièce. F.	» 40	» 45	» 60	» 80	» 95	1 15
Av. armes, —	» 55	» 60	» 75	» 95	1 10	1 30

Litres.	5	10	15	20	25	30
Unis, pièce. F.	1 30	2 60	3 90	5 20	6 50	7 80
Av. armes, —	1 50	3	4 50	6	7 50	9 fr.

POTS à couvercles chapeau.

Litres	0.30	0.60	1.25	2	2.5	4	5
Le cent. F.	36 50	47	69	90	110	140	160

Litres	7.5	10	15	20	25	30
Le cent. F.	240	320	480	640	800	960

POTS AVEC COUVERCLES.

	C. INTÉR.	BAS.	DROIT.	GOURDE.		
Litres . . .	0.30	0 60	1.25	2	2.5	4	5
Le cent. F.	27 50	40	55	70	80	95	105

Litres . . .	7.5	10	15	20	25	30
Le cent. F.	189	210	315	420	525	630

POTS A FERMETURE HERMÉTIQUE.

Litres . . .	0.30	0.60	1.25	2	2.5	4
La pièce. F.	» 80	» 95	1 25	1 65	1 90	2 25
Litres . . .	5	7.5	10	15	20	25
La pièce. F.	2 50	3 25	4	5 75	7 50	9 fr.
Litres . . .	30	35	40	50	75	100
La pièce. F.	10 75	12 50	14	18	26	34

POT A BEURRE (Huguenotte).

Litres . . .	2.5	4	5	7.5	10	15
La pièce. F.	» 75	» 85	» 95	1 40	1 90	2 85

Litres . . .	20	25	30
La pièce. F.	3 80	4 75	5 70

POT A BEURRE en panier.

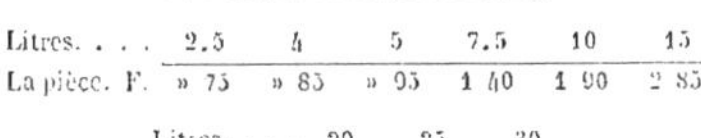

Litres . . .	5	7.5	10	15	20	25	30
La pièce. F.	2	2 40	2 75	4	5 25	6 50	8 25

SALOIRS.

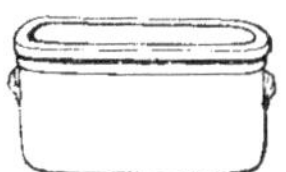 

LANGUE.
JAMBON.

MARMITES

GOURDE.
DROIT.

No.	1	2	3	4	5	6	7	8	9
Litres . .	5	10	15	20	25	30	35	40	45
Pièce. F.	1 30	2 60	3 90	5 20	6 50	7 80	9 50	11	12 60

No.	10	11	12
Litres . .	50	55	60
Pièce. F.	14 20	15 80	17 40

BAINS DE PIEDS,

intérieur émaillé.

No.	2	3	4
Pièce. F.	2 75	4	5 25

SCEAUX DE TOILETTE, avec couvercle.

Litres . .	10	15	20
Pièce. F.	4	6	8

POCHES OUVERTES, COUVERTES. — ENTONNOIRS. — FONTAINES A OISEAUX.

 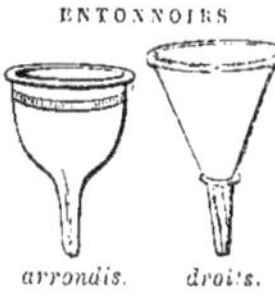

POCHES — ENTONNOIRS — FONTAINE

ouvertes. couvertes. arrondis. droits. à oiseaux.

Litres . . .	0.15	0.20	0.30	0.60	1.25	2	2.5
Le cent. F.	45	50	55	80	110	135	165

Litres . . .	4	5	7.5	10
Le cent. F.	200	250	375	500

ENTONNOIR (côtes hélicoïdes) A FILTRER.

Litres . . .	0.30	0.60	1.25	2	2.5
La pièce. F.	» 65	» 90	1 25	1 50	1 80

Litres . . .	4	5
La pièce. F.	2 25	2 75

POTS UNIS (Chopes).

	Litre.	1/4	1/2	1
Rouges.	Le cent.	27	40	55 fr.
Émail gris.	—	30	45	60 fr.

CRUCHES ORDINAIRES.

Litres . .	2	2.5	4	5	10	15
Pièce. F.	» 55	» 70	» 80	» 90	1 80	2 70

Litres . .	20	25	35
Pièce. F.	3 60	4 50	5 40

POTS A ACIDE.

Litres . .	1.25	2	2.5	4	5
Pièce. F.	» 50	» 80	» 90	1 05	1 35

Litres . .	10	15
Pièce. F.	2 70	4

POTS A INFUSION,

avec passoire mobile et couvercle.

Litres . .	0.60	1.25	2	2.50	4	5
Pièce. F.	1 25	1 75	2 50	3 25	4	5 75

On peut aussi avoir ces pots avec passoire fixe.

CHAUFFE-PIEDS A EAU CHAUDE.

BOUTEILLES.

Litres.	1.25	2	2.5	4
Pièce. F.	» 80	1	1 20	1 60

PERFECTIONNÉS.

Petits, 2 fr. 40; — Grands, 3 fr. 25.

DE VOITURE.

Petits, 4 fr.; — Grands, 4 fr. 85.

CHAUFFE-POITRINE.

3 fr. 25.

BASSINOIRE.

4 fr.

Avec bouchon à vis, 40 centimes de plus pièce.

CHAUFFE-CHAUSSURES.

No.	0	1	2	3
	Enfant.	Fillette	Femme.	Homme.
La paire. F.	4 25	5	5 75	6 50

POTS A TABAC.

	Litres.	0.15	0.30	0.60	1.25
Ronds, ornés.	Pièce. F.	» 90	1 20	1 60	2 40
Gothiques	—	1 20	1 60	2 40	3 25

CRACHOIRS.

Ouverts, unis. » 85 c. — Bourrelet. Droit. Octogone.
Couverts, — 1 10 — ornés, 1 fr. 35 pièce.

POTS A BARBE.

Ornés, » 80 c.; — Unis, » 55 c. pièce.

POTS A BEURRE, ornés.

Kilogr.	1/2	1
Ronds. Pièce F.	» 50	» 80

Kilogr.	1/2	1	1½	2	3
Ovales. Pièce. F.	» 80	1 20	1 60	2	2 40

Avec bouchon à vis, 40 centimes de plus pièce.

CRUCHES UNIES ET ORNÉES

DROITE. GOURDE. ORNÉE.

Litres.	0.15	0.30	0.60	1.25	2	2.5	4	5
Droite ou Gourde. Le cent. F.	»	27	40	55	80	110	135	165
Ornée. . . . —	40	55	80	125	190	225	400	525

POTS A EAU CHAUDE.

DORIC. POMPÉI. HERCULANUM. SALISBURY. CAMBRIDGE.

	Litres.	0.30	0.60	1.25	2	2.50
Brunes.	Pièce. F.	1 »»	1 25	1 75	2 50	3 25
Bleues.	—	1 25	1 50	2 25	3 25	4 50

BARILS. (Le No. correspond à capacité de 5 litres environ.)

ROND UNI. OVALE. ORNÉ.

Ronds, unis. . . . 1ᶠ 60 le No. jusqu'au 20; 2ᶠ 40 à partir du No 20.

	jusqu'au No 20	à partir du No 20
Ronds, unis.	1f 60	2f 40
— avec armes.	1 85	2 65
— ornés . . .	2 40	3 20
Ovales, unis. . . .	2 40	3 20
— avec armes.	2 65	3 45
— ornés . . .	3 25	4 05

ANNEAUX PORTE-FLEURS.

(On les remplit de sable ou de mousse mouillée, et l'on y implante les fleurs coupées.)

Nos.	6	8	10	12	14
Diamètre. C/m.	15	20	25	30	35
Pièce. F.	1 50	2	2 50	3	3 50

MANGEOIRS ou BUVETTES POUR CHIENS OU CHATS.

Petits, 20 centimèt. de long, 1 fr. 75 pièce.
Grands, 22 — — 2 25 —

TERRINES.

Litres . .	0.15	0.30	0.60	1.25
Pièce. F.	» 30	» 55	» 70	» 80

Litres . .	2.50	4	5
Pièce. F.	» 90	1 05	125

De 5 à 30 litr., » 25 c. le litre; — De 30 à 100 litr., » 32½ c. le litre.
Le 101ᵉ et au-dessus, » 45 c. le litre.

INSCRIPTION DE NOM, ETC.
Au-dessous de litre 1.25. . . . . 1 fr. le cent.
De litre 1.25 à 5 litres. . . . . 2 50 —
Au-dessus de 5 litres . . . . 5 fr. —

FILTRES DOULTON.

Ces Filtres, au charbon, donnent une eau parfaitement purifiée. L'approbation qu'ils ont reçue de chimistes éminents et du public, depuis plus de trente années, est une preuve suffisante de leur supériorité.

Le seul soin qu'ils exigent est de tenir propre l'éponge qui tamise l'eau avant qu'elle ne parvienne au charbon.

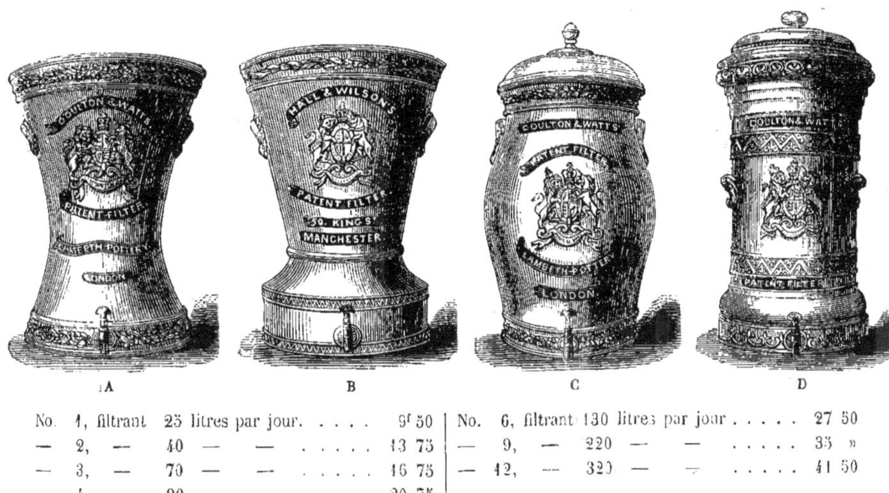

A   B   C   D

No.	1, filtrant	25 litres par jour	9f 50	No.	6, filtrant 130 litres par jour	27 50
—	2, —	40 —	13 75	—	9, — 220 —	35 »
—	3, —	70 —	16 75	—	12, — 320 —	41 50
—	4, —	90 —	20 75			

Chaque Numéro correspond à une capacité d'environ cinq litres d'eau à filtrer, se filtrant et filtrée.

CHINOIS.

Orné,	petit,	filtrant 60 litres	19f »
—	moyen,	— 100 —	31 50
—	grand,	— 200 —	44 »
Uni,	petit,	— 60 —	13 75
—	moyen,	— 100 —	20 75
—	grand,	— 200 —	35 »

E, filtrant 50 litres, 18 fr. 75.

F,° filtrant 70 litres, 22 fr. 50.

Gothique, filtr. 90 litres, 34 fr. 50.

H, roseau, filtr. 80 litr., 26 fr.

J, palmier, filtr. 80 litres, 26 fr.

K, œuf, filtrant 90 litres, 32 fr.

FILTRE en panier osier blanc, pour voyage ou navigation.

No. 0, filtrant 25 litres 10f 75
— 1, — 35 — 13 25
— 2, — 45 — . . . . . . 15 »
— 3, — 70 — . . . . . . 19 »
— 4, — 95 — . . . . . . 25 »

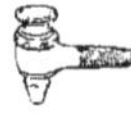

Tous ces Filtres sont avec robinets cuivre ou grès. — Robinets grès pour filtres, 3 fr.

DESSOUS DE FILTRES (Tortue supportant une coquille). — Petit, 2 fr. 50 ; — Moyen, 3 fr. 25 ; — Grand, 4 fr.

EMBALLAGE.
Harrasse et paille. 5f 75
Demi-Harrasse et paille 3 75
Barrique — . . . . 10 »
Tonneau — 6 25
Caisses. . . . . au mieux.

Tarifs spéciaux pour APPAREILS DE CHIMIE ; CREUSETS, FOURNEAUX, ETC. en Plombagine et Terre Réfractaire ; — POTERIE DE BATIMENT.
Tous Articles sur Commande.

Paris. — Imprimerie A. Wittersheim, rue Montmorency, 8.

MANUFACTURE GÉNÉRALE DE POTERIES

DE

DOULTON & Cᵒ

DE LONDRES

Usines a LAMBETH-LONDRES; ROWLEY-REGIS (Staffordshire); SMETHWICK, près Birmingham; SAINT-HELENS, près Liverpool.

DÉPOT, 15, rue de Paradis-Poissonnière, et rue Martel, 18, PARIS

1867, DEUX MÉDAILLES D'ARGENT ET UNE DE BRONZE, 1867

1862, DEUX MÉDAILLES, les seules accordées à leur industrie « pour excellence de fabrication et bon marché » (Rapport du Jury).

1851, MÉDAILLE D'HONNEUR. — MÉDAILLES AUX EXPOSITIONS DE HAMBOURG, D'OPORTO ET DE LA NOUVELLE-ZÉLANDE.

MÉDAILLES AUX CONCOURS RÉGIONNAUX : CAEN, 1867; AUXERRE, 1866.

TARIF DES CREUSETS, MOUFLES, FOURNEAUX

EN PLOMBAGINE ET TERRE RÉFRACTAIRE

Ces Appareils, en Plombagine et Terre Réfractaire, fabriqués avec le plus grand soin, les matières les mieux choisies et tous les perfectionnements qu'une longue expérience a pu donner, ne craignent aucune concurrence, ni pour la supériorité de la qualité, ni pour l'économie qu'ils offrent à ceux qui en font usage.

PLOMBAGINE.

CREUSETS PLOMBAGINE 1 (QUALITÉ SUPÉRIEURE).

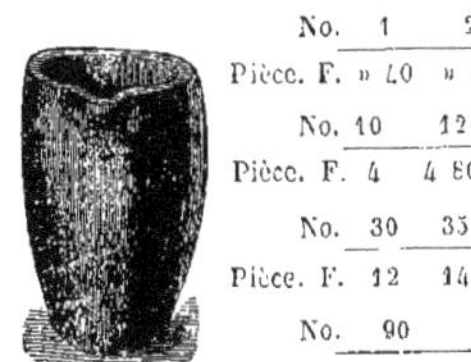

No.	1	2	3	4	5	6	8
Pièce. F.	» 40	» 80	1 20	1 60	2	2 40	3 20
No.	10	12	14	16	18	20	25
Pièce. F.	4	4 80	5 60	6 40	7 20	8	10
No.	30	35	40	45	50	60	70	80
Pièce. F.	12	14	16	18	20	24	28	32
No.	90	100	200	300	400
Pièce. F.	36	40	80	120	160

Forme triangulaire ou picarde, mêmes prix. — Chaque No. correspond à un kilogramme de métal.

COUVERCLES ou FROMAGES

EN PLOMBAGINE.

12 centimes le No.

MOUVETTES ou AGITATEURS

PLOMBAGINE.

Longueur, 23 c/m. 1 fr. 50 pièce.
Autres dimensions sur instructions.

MINE DE PLOMB ou PLOMBAGINE II.

Avec ces Creusets on peut employer une petite quantité de flux.

Nos. 0000, 000 et 00, — 10 centimes pièce.

No.	0	1	2	3	4	5
Pièce. F.	» 15	» 20	» 40	» 60	» 80	1 10
No.	6	7	8	9	10	12
Pièce. F.	1 30	1 50	1 75	2	2 25	2 50
No.	14	15	16	18	20	25	30	35
Pièce. F.	3	3 50	4	4 50	5	6	7 50	9
No.	40	50	60	70	80	90	100
Pièce. F.	11	14	17	19	22	24	27

CREUSETS POUR BIJOUTIERS.

No.	1	2	3	4	5	6
Pièce. F.	» 20	» 40	» 60	» 80	1 10	1 30

No.	7	8	9	10	12	14
Pièce. F.	1 50	1 75	2	2 25	2 50	3

No.	15	16	18	20	25	30	35
Pièce. F.	3 50	4	4 50	5	6	7 50	9

No.	40	50	60	70	80	90	100
Pièce. F.	11	14	17	19	22	24	27

CREUSETS POUR ACIER.

Le Numéro ou Kilo de métal. . . 20 centimes.
Couvercles, le Numéro. 12   —

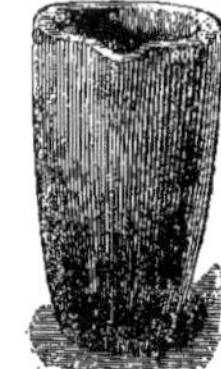

CREUSETS POUR FER OU FONTE MALLÉABLE.

Le Numéro ou demi-kilo. 12 ½ centimes.

CREUSETS POUR ZINC OU ANTIMOINE.

Le Numéro ou Kiloge. 12 ¼ centimes.

CREUSETS PLOMBAGINE, FORME ALLEMANDE.
(Ne se font que sur commande.)

No.	1	2	3	4	5	6	7	8	9
Pièce. F.	» 25	» 40	» 60	» 80	1 05	1 25	1 50	1 75	2

No.	10	12	14	15	16	18	20	25
Pièce. F.	2 25	2 50	3 25	3 75	4 25	4 60	5	6

No.	30	35	40	50	60	70	80	90	100
Pièce. F.	7 50	9	11	14	17	20	25	30	35

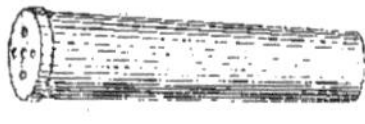

BOUTS DE TUYÈRE
EN PLOMBAGINE.

Ces Bouts de Tuyère, bâtis dans l'épaisseur des fourneaux ou fours, remplacent avec avantage les systèmes ordinaires de terminaisons employés jusqu'à ce jour. Incombustibles et résistant aux intempéries les plus élevées, ils n'exigent aucun appareil protecteur.

Grands, diamèt., 135—110 m/m. Longueur, 370 m/m. F. 10 pièce.
Petits,   —   100— 75 —   —   310 — F. 6 —

TERRE RÉFRACTAIRE.

CREUSETS SUPÉRIEURS (CUITS).

No.	HAUTEUR.	PRIX DU CENT.
1/4	43 m/m	3f 35
1/2	52	3 75
1	62	5 »
1 ¼	66	6 25
2	70	7 50
2 ¼	80	10 »
3	85	12 »
3 ½	90	15 »
4	115	19 »
4 ½	120	26 »
5	130	33 50
5 ½	140	42»
6	165	48 »
6 ½	175	70 »
7	185	84 »
8	205	108 »
9	235	150 »
10	255	200 »
11	280	250 »
12	305	325 »
13	330	375 »
14	335	475 »

RONDS.

TRIANGULAIRES.

COUVERCLES RONDS OU TRIANGULAIRES.

Nos.	1/4 à 1	1 ¼ à 3	3 ½ à 6	6 ½ et 7	8 et 9	10
Le cent. F.	12	18	24	27	20	40

CREUSETS FORME OLIVE.

No.	3	4	5	6	7	8	9
Haut. c/m.	7.5	10	12.5	15	17.50	20	22.5
Prix. F.	» 15	» 20	» 25	» 35	» 40	» 45	» 60

No.	10	11	12	14	16	18	20
Haut. c/m.	25	28	30	35	40	45	50
Prix. F.	» 90	1 25	1 70	2 05	2 70	5 75	8 25

FROMAGES (CREUX) POUR CREUSETS OLIVES.

Pour Creusets No.	5	6	7	8	9
Le cent. . . . F.	24	26	28	30	35
Pour Creusets No.	10	11	12	14	16
Le cent. . . . F.	40	44	48	52	56

FROMAGES (PLEINS) OU CULOTS, POUR RELEVER LES CREUSETS DANS LES FOURNEAUX.

HAUTEUR.	DIAMÈTRE.	PRIX.
38 ᵐ/ᵐ	75 ᵐ/ᵐ	25 fr. le cent.
38	100	30 —
50	100	40 —
50	125	50 —
50	150	55 —
64	150	60 —
64	200	65 —

CREUSETS DE HESSE, COMMANDÉS D'AVANCE.

PAR SÉRIES DE	HAUTEUR DU PLUS GRAND.	PRIX DES CENT SÉRIES.
3	75 ᵐ/ᵐ	22 fr.
Petits. 5	96	45
Grands. 5	115	70
6	145	140
8	175	160

CREUSETS SEULS.		LE CENT.
No. 1	25 ᵐ/ᵐ	2 fr.
2	50	4
3	60	8
4	75	16
5	95	24
6	115	32
7	145	50
8	175	70

Sur commandes importantes, il sera alloué bonification des économies de frais auxquelles elles pourront donner lieu.

CREUSETS BLANCS

TERRE ANGLAISE OU DE PARIS. (Sur commande.)

COUVERCLES. (Sur commande.)

PLAQUES A ÉMAILLEURS.

RONDES.	Diamètre 75 et 90 millim.	12 fr. le cent.
—	— 100 et 125 —	20 —

OBLONGUES.	— 125 × 65 —	40 —
—	— 150 × 75 —	50 —
—	— 175 × 90 —	55 —
—	— 200 × 100 —	60 —
—	— 225 × 100 —	65 —
—	— 250 × 115 —	70 —
—	— 300 × 125 —	80 —
—	— 300 × 150 —	90 —

AGITATEURS TERRE RÉFRACTAIRE.

15 centimètres de long	30 fr. le cent.
25 — —	45 —
35 — —	55 —
40 — —	65 —

MOUFLES OU ARCHES.

	LARGEUR.	HAUTEUR.	LONGUEUR.	PRIX.
FERMÉS.	125 ᵐ/ᵐ	75 ᵐ/ᵐ	180 ᵐ/ᵐ	1ᶠ 60
	125	75	230	2 15
	125	75	300	3 25
	150	125	180	2 15
OUVERTS.	150	125	230	3 25
	150	125	300	4 25

MOUFLES

POUR DENTISTES ET ESSAYEURS.

A ARÊTES.   UNIS.

Ces Moufles sont pour fourneaux de même numéro, avec ou sans ouvertures latérales ou fenêtres. — Rugueux ou à arêtes, sur commande.

No.	LONGUEUR.	LARGEUR.	HAUTEUR.	PRIX.
1.	190 ᵐ/ᵐ	90 ᵐ/ᵐ	70 ᵐ/ᵐ	3ᶠ 75
2.	200 —	95 —	75 —	4 75
3.	215 —	100 —	75 —	5 25
4.	230 —	115 —	83 —	6 50
5.	240 —	125 —	95 —	7 50
6.	253 —	150 —	100 —	8 25

Toutes autres grandeurs sur ordre.

CREUSETS D'ESSAYEURS.

No.	HAUTEUR.	LARGEUR.	PRIX.
1.	30 ᵐ/ᵐ	32 ᵐ/ᵐ	27ᶠ » le cent.
2.	48 —	40 —	30 » —
3.	57 —	50 —	33 50 —
COUVERCLES.			13 » —

TETS (SCORIFICATOIRES).

De 25 à 48 millimèt. de diamètre.		16ᶠ 50 le cent.
50 à 58 —	—	20 » —
64 à 73 —	—	27 » —
75 à 90 —	—	30 » —

TETS A ROTIR, POUR FOURNEAUX ÉVAPORATOIRES OU A BASSINE.

No. 1.	65 millim. de diam.		33 fr. le cent.
2.	75 —	—	40 —
3.	100 —	—	47 —
4.	125 —	—	55 —

Avec ou sans pied.

POÉLONS D'ESSAYEURS.

110 millim. de hauteur. 47 fr. le cent.

COUPELLES (EN OS CALCINÉS).

De 23 à 48 millimètres de diamètre.	10ᶠ » le cent.
50 à 58 — —	13 50 —
64 à 73 — —	20 » —
75 à 90 — —	27 » —

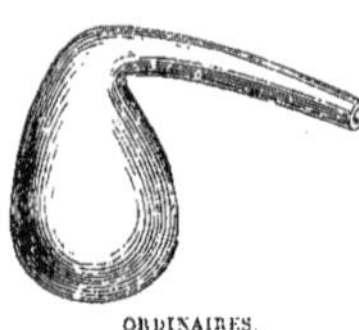

ORDINAIRES.

CORNUES.

	ORDINAIRES.	TUBULÉES.
0 30 centil.	1ᶠ 20	1ᶠ 60 pièce.
0.60 —	2 »	2 50 —
0.90 —	3 25	3 75 —
1.25 —	4 »	4 50 —
2 50 —	5 50	6 » —
5.00 —	8 »	8 50 —

TUBULÉES.

BASSINE A SUBLIMER,

AVEC COUVERCLE.

Terre Réfractaire, intérieur émaillé.

70 centimes le litre, complet,
avec Couvercle.

— Sur commande. —

TUYAUX RÉFRACTAIRES
(avec ou sans collets).

Diam. intér. ᵐ/ᵐ	25	50	75	100	150	225	300
Le mètre lin. F.	4	4 50	6	7	10	17 50	30

Par bouts de 0ᵐ60.

Coudes, Branchements, autres dimensions et émaillés à l'intérieur,
sur commande.

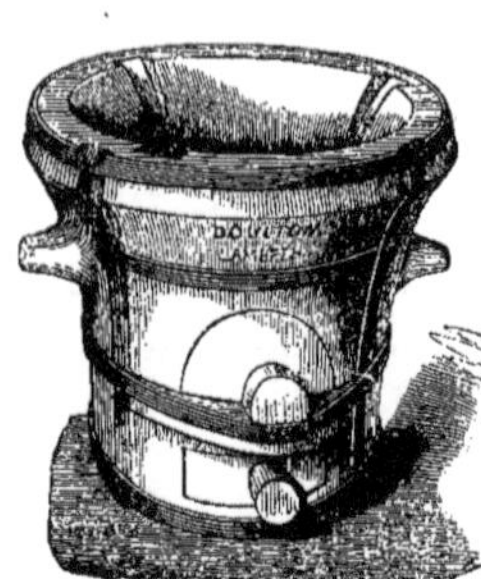

FOURNEAUX ÉVAPORATOIRES
OU A BASSINE, cerclés en fer.

No. 1.	12 ½ c/m diam. int.	4ᶠ »
2.	14 — —	5 75
3.	15 ½ — —	7 25
4.	23 — —	10 »

FOURNEAUX A RÉVERBÈRE (cerclés en fer).

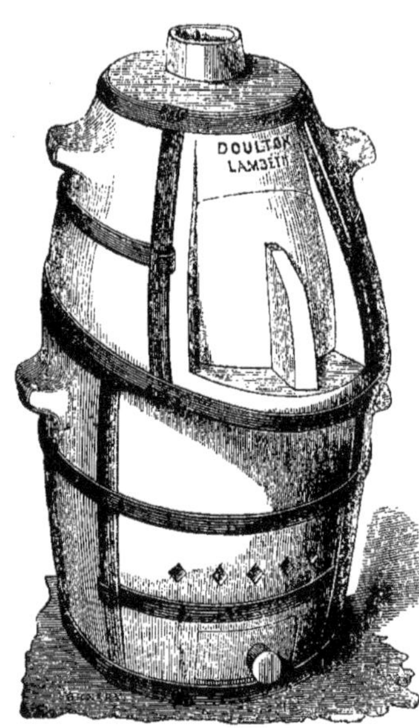

No.	HAUTEUR EXTÉRIEURE.	LARGEUR INTÉRIEURE.	ADMET-CREUSETS PLOMBAG. Nº.	PRIX.
1	0ᵐ45	0ᵐ165	2	32ᶠ 50
2	0.40	0.185	4	41 »
3	0.53	0 200	6	49 »
4	0.60	0.25	8	73 »
5	0.74	0.30	10	97 »
6	0.82	0.355	12	130 »

FOURNEAUX A MOUFLES (CERCLÉS EN FER).

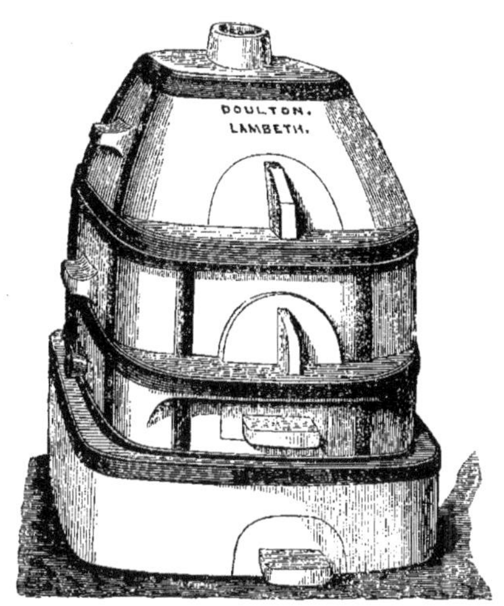

FOURNEAUX

DE DENTISTES,

(ovales),

Diam. int. 0ᵐ36 × 0ᵐ27

Hauteur totale, 0ᵐ80

Prix : 130 fr.

No.	DIAMÈTRE INTÉRIEUR.	HAUTEUR EXTÉRIEURE.	PRIX.
1.	0ᵐ25	0ᵐ48	57 fr.
2.	0.265	0.50	63
3.	0.28	0.55	73
4.	0.305	0.58	90
5.	0.32	0.60	105
6.	0.345	0.62	130

La hauteur ne comprend pas le pied.

Tous ces Fourneaux sont soigneusement et solidement cerclés en fer.

La Maison se charge, sur instructions, de fournir tous Appareils réfractaires en Plombagine ou Terre, tels que : Tubes, Cheminées, Moufles pour peinture sur porcelaine, verre, etc.; Supports, Pieds, Poêlons pleins ou perforés, Fourneaux à tubes, etc., etc.

EMBALLAGE.

Pour éviter l'humidité, les Appareils réfractaires sont expédiés en barriques de F. 10 et tonneaux de F. 6 25. Les caisses sont facturées au mieux.

Tous autres Appareils en Plombagine et Terre Réfractaire, sur modèles ou dessins et instructions bien précis.

Tarifs spéciaux pour : Appareils de Chimie en grès résistant aux acides, et jusqu'à capacité de 2,500 litres ;

Poterie domestique et d'emballage ; — Bouteilles, Jarres, Petite Poterie, Filtres au charbon, etc.;

Poteries de Bâtiment (prix, 2 fr.), Tuyaux, Égouts, Éviers, Urinoirs, Cuvettes inodores, Carreaux, Têtes de Cheminées, etc.

en Terra Cotta.

PARIS. — IMPRIMERIE A. WITTERSHEIM, RUE MONTMORENCY, 8.

www.ingramcontent.com/pod-product-compliance
Ingram Content Group UK Ltd.
Pitfield, Milton Keynes, MK11 3LW, UK
UKHW021633090726
13657UKWH00004B/1600